JN139668

2時間で学ぶ「成果を生み出す」全技術

ビジネススキル大全

The Business Skill Book

藤井孝一

Koichi Fujii

ダイヤモンド社

はじめに

「仕事のやり方がわからない」

若い人から、こんな言葉を聞くことがあります。

もちろん、職場には上司も先輩もいますし、研修もあります。日常業務に直結する内容は、そこで指導が受けられるはずです。

しかし、一般的な仕事のやり方、たとえば思考法や文章の書き方、プレゼンテーションの仕方など、日常の仕事を支える、ベースとなるようなスキルについては、体系的に教えてもらう機会が少ないようです。

たとえば「働く業界や会社が変わっても通用する、持ち運びできるスキル」、いわゆる「ポータブルスキル」がこれにあたります。これらのスキルは、会社で教わるというより、ビジネススクールやビジネス書などで、自力で学ぶものとされています。

理由は、これらは仕事をするうちに自然と身につくもので、わざわざ会社がお金と時間を費やして教えるものとは考えられていないからかもしれません。

あるいは、雇用の流動化が一般化した昨今、せっかく教えても持ち出されてしまいます。企業は「そんなものに、お金や時間を費やすのはもったいない」と考えているのかもしれません。

結果、これらのスキルについては、職人のように上司や先輩の背中を見て「盗む」か、それでなくても忙しい時間をやりくりして、さらに自腹を切って学校に通ったり、書籍で学ばざるを得ないのが実態です。

しかし、ビジネス環境は高度化、多様化、複雑化しており、こうしたスキルが仕事を進めるうえでも、キャリアを形成するうえでも、ますます重要になっています。

スキル自体もビジネスの世界で活用されることで、日進月歩、進化しています。今では知っている人と知らない人との間で、成果に大きな違いが出るようになっています。

そんな時代に「いつか習得できればいい」という、のどかな取り組みをしていたのでは、周囲からどんどん差をつけられてしまいます。

もちろん書店に行けば、これらのスキルを解説したビジネス書はいくらでもあります。

必要に応じてそれらを購入し、学べばいいのかもしれません。

ただ、スキルも多岐にわたります。また、それを記述した書籍は、さらにたくさんあります。書店に足を運んでも、不慣れなうちは何を選んでいいのかさえわからないと思います。

結果、ダメな本を選んで遠回りしてしまうこともあり、効率がよくありません。こうした試行錯誤を繰り返すうちに、学ぼうという意志も薄れてしまうかもしれません。

本書は、そんな問題に直面する現役のビジネスパーソン、特に向上心旺盛な、主に若い人に向けて書きました。

読者が陥りやすい、仕事などで抱える悩み、たとえばものの考え方やアイデア発想、ビジネス文章の書き方など、いわゆる知的生産を支えるスキルを中心に紹介し、解説したものです。

なぜ、このような本を書こうと思ったかというと、まさに、かつての私が、これらのスキルの習得に悩み、戸惑ってきたからです。

上司や先輩から学ぶ機会は多くありませんでした。そもそも上司や先輩がそのスキルを習得していませんでした。仮に「この人は」という方に出会うことができても、お互いに転勤や異動があって長続きしませんでした。

そのため、困ったときには書店に駆け込み、問題解決をする日々でした。しかし、書店にはあふれるほどの書籍があり、そのなかから何を選んでいいのかわからず、戸惑うことがしばしばでした。


それから30年以上が経過し、これまでにおそらく1万冊以上のビジネス書に目を通し、スキルを学んできました。

途中から、自分の学びを記録するために、読んだ本の内容を要約し、解説するメールマガジンを発行するようになりました。こちらは好評を博し、5万人以上のビジネスパーソンに読まれるようになりました。

こうした活動を通して、著者と親しくなり、著者を招いたセミナーを開催するようになりました。こちらも10年以上続けています。

さらに、出版社とも親しくなりました。これらのつながりを生かして、著者と出版社をマッチングするなど、ビジネス書の著者を生み出したり、販促をお手伝いしたりする活動もしています。関わった著者は、すでに1000人を超えています。

そんなことでマスコミから、ビジネス書やビジネススキルに関する取材を受けたり、寄稿を求められたりすることも増えてきました。

はじめは、自分のビジネス書選びに戸惑っていた私が、試行錯誤を繰り返した結果、今では「ビジネススキルの専門家」と見ていただけるまでになったのです。

何よりその過程で、自分自身が学んだスキルを生かして、自身のキャリアを開拓してきました。結果的に、夢だった独立開業も果たすことができました。

独立してからは、セミナーやイベントなどを通して、3万人以上のビジネスパーソンにお会いしてきました。そのなかで悩みを打ち明けられたり、相談を持ちかけられたりしてきました。そのときは、自分がビジネス書から学んだスキルを紹介するなどしてアドバイスしてきました。

そこで紹介してきたスキルを、もっと多くの方に知ってもらいたいと考え執筆することにしたのが、本書というわけです。

なお本書は、いわゆるブックガイドではありません。ビジネス書で紹介されているスキルのなかから、「これは」というものを抽出して解説する本です。

といっても、単にスキルの概略を列挙したものでもありません。ポイントは「本を読まなくても、ビジネスパーソン必修のスキルが一気に学べる」ところです。2時間くらいでポイントを理解できますから、時間がない人にお勧めです。

また、実際に活用しやすいように、自分の体験談を含む活用事例を盛り込むなど工夫をこらしました。

スキルは学んだだけ、知っているだけでは意味がありません。実際に使ってみて、使いこなせるようになって、はじめて意味があります。

そのため、本書では特にどのように使うべきかの実例に配慮しました。

▼40のスキルのセレクト法

なお、あまたあるスキルのなかから40のスキルを厳選した基準は、以下の3点です。

①主要なスキル

仕事を進めるうえで、土台になるようなスキルを厳選しました。そのほうが、より大きな成果につながると思うからです。また、汎用性が高く、長く使えると考えたからです。反対に、キーボードが早くなるとか、営業トークが気の利いたものになるなどの、些末な細かいスキルは排除しました。

②長い時間のなかで揉まれたスキル

発刊から数年以上を経た古典からスキルを抽出しました。また、できるだけ原典にあたることにしました。長い時間を経て今も残っているということに価値があると思うからです。また、どうせ学ぶなら派生本より元祖に学ぶほうが、より本質に迫れると考えたからです。ただ、古典のなかには、今の時代にそぐわないものや表現が難解なものもありましたので、そこは適宜手を加えました。

③3万人以上のビジネスパーソンと出会い、アドバイスに役立ったスキル

これまでにセミナーやイベントでたくさんのビジネスパーソンと出会い、時には相談に乗ってきました。そのとき、本当に役立てていただけたものだけを厳選しました。ビジネ

ス書の経験値が低く、いろいろと迷いやすい若い人も遠回りしなくて済むはずです。

ビジネス書を読んで感じることは、多くの教えが、根っこのところでは共通しているということです。その最大公約数にあたるところを集めて紹介することを試みました。

そのエッセンスを抽出することは、情報が氾濫する時代においては特に大切だと思います。古典の読み直しブームも、背景はそのあたりにあるのだと思います。

なお、本書のタイトルに『ビジネススキル大全』とありますが、仕事に直結したものだけでなく、人間関係や人生設計、お金に関するスキルも加えました。

一般に、これらはビジネススキルの範疇には入らないと思います。しかし、私はこれらこそ、ビジネスパーソンが早い時期に知っておくべきスキルだと考えるからです。

私はビジネスパーソンの仕事だけでなく、生き方全般を応援したいと考えています。ビジネスは人生の一側面にすぎません。ところがビジネス以外のスキル、たとえば人間関係や人生設計、お金に関するスキルは、さらに学ぶ機会が少なく、後になって後悔する方が多いからです。

というわけで、本書の対象は主に仕事を始めたばかりの若い読者ですが、実際には対象はもっと広いと思います。たとえば、

・長年仕事をやってきたが、これまでスキルについて学んだことがなく、本当はよくわかっていない中堅クラスの人
・今さら基本スキルを知らないとは言えないリーダークラスの人
・スキルに関心があるが、書店に行っても何を読めばいいのかわからない人
・どこからスキルを学べばいいのかわからない人

これらのいずれかに該当する人であれば、きっと本書で紹介するスキルのいくつかを、役立てていただけると思います。

ぜひ本書で学び、仕事に、暮らしに役立ててみてください。

目次

ビジネススキル大全

第1章　問題を素早く解決するための思考法

第4章 重要なことに集中する自己管理法

第5章 ヒットを作り出すコンセプト設計／戦略

第6章 人間関係を円滑にするコミュニケーション術

第7章 人を動かしチームで成果をあげるマネジメント法

第8章 成功と幸福を導く人生設計術

第9章

秘めた思いを形にする自己実現法

第10章 潜在意識を変えて富を手にする成功哲学

著者が参照している底本には新版・旧版の両方がありますが、書籍紹介は手に入りやすい新版を中心にしています。

第1章

問題を素早く解決するための思考法

思考法

01

戦略思考

本質を見抜き、答えに素早くたどり着く

論理的に解決策を考える技術

これができる！

- 的確に答えられる
- 会話に説得力が出る
- 思考の無駄がなくなる

▼会議でかっこよく発言する人になるには？

仕事ができる人は、会議などで議論の本質を突いて論理的に話すことができます。反対に仕事ができない人は、話していても枝葉末節に脱線して要領を得ず、本質を離れた議論に終始してしまうものです。

私はサラリーマンのころ、「本質を突いた発言ができる人は、きっと生まれつき頭がいいのだろう」と勝手に考えていました。そして「自分にはとても無理だ」と諦めていました。

もちろん、生まれつき頭のいい人もいるでしょう。しかし、そうでない人も諦める必要はありません。実は、思考には方法があるからです。これを学ぶことで、少なくとも会議

の場などでは、生まれつき頭のいい人と同じように考えたり、発言したり、振る舞ったりできるのです。

そのひとつが**「戦略思考」**です。外資系コンサルティングファームやそのＯＢたちが使いこなしているツールです。

戦略思考とは、「経営課題に対して、経営者視点で環境を正しくとらえ、課題の優先順位を明確にしながら戦略目標を達成に導く思考法」です。ビジネスの基本となる思考法といえます。

この戦略思考には、たくさんの本が出ています。多くが訳書、しかも外資系のコンサルティングファーム勤務のコンサルタントが書いています。そのため、アメリカ発の舶来物かと思っていました。

しかし、戦略思考をはじめて体系的にまとめ、世の中に発表したのは、日本人です。なんと１９７０年後半、オイルショックのころに「戦略思考」という形で登場しています。

これを紹介した本が『企業参謀』です。著者は、経営コンサルティング会社のマッキンゼー・アンド・カンパニーの元日本支社長で、今はビジネス・ブレークスルー大学学長でもある、大前研一さんです。彼は、日本で最初の本格的な戦略コンサルタントと呼ばれた人です。

私がまだサラリーマンだった若いころに、この『企業参謀』という本に出会い、大変な衝撃を受けました。まず、当時は思考にも方法論があるということに驚きました。目からウロコが落ちた思いをしたことを覚えています。何より、会議で本質を突いた議論ができている取引先や上司や先輩の秘密を垣間見た気がして、ほくそ笑んだ記憶があります。

▼「ものの本質を考える」ということ

戦略思考とは、本質を見抜く思考のことです。そのために、まず事象を分解します。これにより、渾然一体となっていたり、「常識」というひと言で片付けられたりしている事象のカラクリを正確に把握していきます。

たとえば、『企業参謀』では、「東京から伊勢志摩の一泊旅行でスポーツ三昧、1万7000円のパッケージ旅行は安いか」という設問があげられています。1970年代の本なので現在の相場から見れば激安ですが、本来高いか安いかは個人の趣味や関心、懐具合にもよります。しかし、それでは答えが得られません。

そこで、まずそれぞれの活動に要する所要時間で分解してみます。すると経過時間の約半分をバスの移動にとられていることがわかります。さらに睡眠や食事に30％、肝心のスポーツをする時間はわずか5時間、全体の14％しかないことがわかります。スポーツを5時間して1万7000円です。食事代の2000円を差し引いても1万5000円、1時間当たり3000円です。これなら東京近郊の高価なテニスコートを1時間1000円（これも当時の相場）で借りたほうがよほど安いということになると結論付けています。

もちろん、ここには旅行の途中で見る景色とか、東京から離れたときの解放感などは加味されていません。しかし、問題はここにあります。「渾然一体」とした雰囲気に、なんとなくお金を払っていることです。これでは、高いか安いか判断できませんし、他の選択肢と比較ができません。

そうではなく、一度パーツに解きほぐし、個々の要素を正しく把握します。そのうえで、それぞれが持つ意味を自分に都合のいいように組み立て直します。その際、情緒や勘でなく、理屈で組み立てていきます。旅行の例では、時間とお金を基準に計画を比較します。これが、ものの本質を考えることであり、戦略思考なのです。

戦場であれ、ビジネスであれ、試練を乗り越える際には戦略を生み出す必要があります。その際最も頼りになるのは、やはり人間の頭脳です。冷徹な分析と経験、勘、思考力を総動員して、最も有効に組み合わせる必要があります。そのときに使われる最善の方法が戦略思考なのです。

1-01図 戦略思考

東京から伊勢志摩の一泊旅行でスポーツ三昧、1万7000円のパッケージ旅行は安いか？

▶主な活動の割合

▶当旅行におけるテニスコート実質使用料

▶東京近郊のテニスコート使用料

スポーツに使える時間はわずか14%。食事代の2000円を引くと、テニスコートの使用料が1時間当たり3000円と高く、東京近郊で借りたほうがよほど安いということがわかる。

『企業参謀』の図をもとに作成

▼ポイントは、設問の仕方

もちろん、誰でも本質を突き詰めようと考えているはずです。戦略思考で大事なことは、問題に取り組む際の姿勢と方法です。設問を考える際には、解決策志向的な設問を行うことが重要です。

会社の会議を思い出してください。あなたの会社で、「売上が伸び悩んでいる」として、営業会議を行うとします。そのとき、会議の議題を「売上を伸ばすにはどうしたらいいか」としたら、どうなるでしょう。

・社員やその家族に値引き販売する
・広告宣伝を活発にやる
・セールスマンにコミッションをやる
・下取り価格を下げる

といったアイデアが出るかもしれません。しかし、これらは単なる思いつきの列挙です。なぜなら、こうした質問には致命的な欠陥があるからです。それは、これらのアイデアには、その有効性を検証する方法がないのです。

検証できない打ち手はいくら打っても、結局、行き当たりばったりです。失敗しても何も学べず、次につながりません。仮にうまくいったとしても、それは単なるまぐれあたりで、再現性のあるノウハウとして蓄積することができません。

しかし、職場の会議の多くが実はこのような設問をして、無駄な議論を繰り返しているのが実態です。残念なことです。

▼設問は「解決策志向型」にする

そこで、質問を変えてみます。解決策志向型に変えるのです。たとえば、

「当社の売上が伸びないのは、シェアが伸びていないからか？」

この設問の答えは「ＹＥＳか、ＮＯか」のいずれかになります。これは、調べればわかります。このように答えが求められる質問こそが、本質を突いた答えを得るための望ましい質問なのです。

この質問に答えるには、まず売上を次の要素に分解することが必要です。すなわち、

売上＝マーケットの大きさ×当社のマーケットシェア

という要素です。すると、「マーケットの大きさ」と「当社のシェア」に関するデータが必要だということに気がつきます。次に、

「マーケットサイズを大きくできないか」

という設問をします。その答えがＮＯなら、２番目の問いを設定します。すなわち、

「当社のマーケットシェアを増やす方法はないか？」

こちらもＮＯなら、

「この製品に解を求める戦略は、とるべきではない」

という結論に至ることができます。このように質問を提示し、必要なデータを集めながら考えていくことで、はじめて本質を突いた答えに至ることができるのです。

大事なことは設問の訓練です。「漫然とした改善策を集めるための設問」をしていてはいけません。「解決策につながる設問」が常にできるように意識し、訓練し、心がけておくことが大切です。

これができるようになれば、本質を突いた思考ができるようになります。結果、本質から外れた不毛なことに惑わされなくなります。

仮に失敗しても、それを次につなげることで徒労に終わることが避けられます。もちろん、うまくいったら、その経験を再現性のあるノウハウとして、蓄積することができるようになります。

▼ビジネスや日常で活用するには？

このように戦略思考は、論理的に物を考えるうえで不可欠な思考法です。ビジネスの現場ではミーティングや会議の発言はもちろん、自分の頭のなかで考えるうえでも有効です。とはいっても、「自分には関係ない」という方もいるかもしれません。そもそも、「職場で戦略を策定したり、会議で発言したりする立場にない」という方は、そう感じるかもしれません。

しかし、この戦略思考は日常生活でも使えます。たとえば、前出の旅行の設問はその例です。さらに『企業参謀』には、理髪店の例が出てきます。たとえば髪を切るとして、洗髪やヒゲ剃りをしてくれる普通の床屋に４０００円前後払って行くべきか、いわゆる１０００円床屋で十分かで悩んだとします。これに対して「１０００円床屋で十分だ」「いやいや、髪を洗ってくれたり、ヒゲをそってくれたりしてくれるのだから、むしろ安い」と思案していても、結論は出ません。

しかし、散髪の本質が「髪を切りそろえること」だと決めたらどうでしょう。そのうえで理髪店の経過時間を調べます。すると、普通の床屋では散髪以外に「ヒゲを剃る」「洗髪する」「髪を整える」など「髪を切りそろえる」という本質以外の周辺部分に、実に70％を費やされていることがわかったとします。

考えてみれば、これらは家で、しかも自分でできることばかりです。さらに風呂に入れば、その効果は消えてしまいます。

というわけで、普通の理髪店でも「髪を切りそろえる」という本質には、たったの30％

しか使われていないことがわかります。計算すると普通の床屋で散髪に要する費用は1200円になります。「普通の床屋は高い」という結論に説得力が生まれます。単に「1000円床屋で十分だ」とか「いや、むしろ安い」と言うより、ずっと説得力があると思います。

日常生活でも、こんなふうに考えられれば「なんとなく」は少なくなり、決断がしやすくなります。その結果、思考の無駄がなくなるはずです。何より、相手に伝わりやすく、さらに説得しやすくなります。

以上、本質を突いた論理的な解決策を得るうえで、戦略思考は、きわめて有効だということがおわかりいただけたと思います。ビジネスパーソンなら、まず身につけておきたい思考のスキルだと思います。

▼『**新装版　企業参謀**』**大前研一** 著（プレジデント社）
マッキンゼーで日本支社長を務めた著者が32歳のときに執筆したのが『企業参謀』。出版した1975年に16万部を売り上げ、累計では50万部を超えています。今でも企業戦略の教科書として使われており、最善解を導き出す思考法の原点です。

02

仮説思考

結論から考えて、問題の全体像を一気につかむ

スピーディに問題を解決する技術

これができる！

- 意思決定の精度が上がる
- 解決策がすぐ浮かぶ
- 仕事のスピードが上がる

▼必ず身につけておきたい思考法

仕事のできる人とは、問題の本質を素早く発見できる人、そして、その解決策に素早くたどり着ける人のことです。そのために必要なのは、問題のありかを素早く見極め、問題解決の全体像を素早くイメージするスキルです。

多くの人は結論を出す前に情報を集めようとします。情報が多ければ多いほど、いい答えが出せると信じているのです。ですから、できるだけ多くの情報を徹底的に集めてそれらを分析し、課題の本質を見極めてから解決策を見つけようとします。

しかし、それでは時間切れです。スピードの時代にそのようなことをやっていたのでは

間に合いません。

情報収集や情報分析より前に、仮説を立てることです。情報の少ない段階から問題の全体像や結論を考える思考スタイル、思考習慣を**「仮説思考」**といいます。この仮説思考のスキルが身についていると、仕事はスムーズに進み、正確性も増します。ビジネスパーソンなら、必ず身につけておきたい思考法です。

▼仮説思考のスキルを身につけたTさん

私の知人のTさんは、情報は多ければ多いほどいいと考えていました。そのため、仕事の指示があると、できるだけ多くの情報を集めてから、そのうえで検証し問題の所在を突き止めるという方法を採用していたのです。

たとえば何か問題が起きると、すぐにアンケートを行いました。そこで集めたデータを睨んで、どこに問題があるかを探るようにしていたのです。このやり方では、膨大な手間と時間が必要で無駄に時間が過ぎてしまいます。

結果、一番肝心な決定がいつもギリギリで、時には納期が守れないこともありました。

そんなTさんが仮説思考のスキルを身につけたのです。すると問題解決に際しては、まず仮説思考で当たりをつけて「まだ証明はされていないが、最も答えに近そうな答え」を考えてから動くようになりました。データ集めは、その検証に必要なものに絞るようになったのです。

そのおかげで仕事が早くなり、肝心の意思決定に時間が割けるようになり、精度が上がったといいます。もちろん、仕事の納期はきっちりと守れるようになりました。

▼仮説思考で仕事の質もスピードも上がった

私が新人の会社員だったころのことです。先輩から「仮説は？」と聞かれて、面食らったことがあります。「仮説」など、ほとんど聞いたことのない言葉だったからです。

そこで、はじめて「仮説思考」というやり方があることを知りました。はじめは、「判断材料が少ないので仮説が立てられません」と言っていましたが、やがて「とりあえず仮説を考えてみる」という癖がついたように思います。

仮説を立ててから動くようになったことで無駄な仕事をすることがなくなり、仕事が早く終わるようになりました。仮説思考のスキルが身につくと、仕事のスピードが上がるだけでなく、仕事の質も高くなります。意思決定の質を高めるという意味で、仮説思考はきわめて重要な役割を果たすのです。

▼仮説と検証を繰り返して問題解決する

『仮説思考』の著者でもある元ボストン コンサルティング グループ日本代表の内田和成さんは、「仮説は検証することでよりよい仮説に進化していく。仮説→実験→検証を繰り返すことによって、個人や組織の能力は向上する」と言っています。

仮説思考のスキルを身につけるには、「**①問題発見の仮説を立てる。②問題を検証する。③問題解決の仮説を立てる**」のプロセスを繰り返し行うことです。

たとえば、ある家電メーカーの製品が他社製品と比べて売れ行きが伸び悩んでいたとします。問題発見の仮説を立ててみると、次の3つが浮かんできました。①競合他社の商品よりも価格が高いのではないか？　②プロモーションが弱いのではないか？　③販売チャネルがダメなのではないか？

次にこれらの問題の仮説を検証してみます。実験としては、実際の店舗を回ってみたとします。すると、①価格は競合他社よりもむしろ安いことがわかりました。②プロモーションは他社に遅れをとっていました。③チャネルについて自社製品はあまり店頭に並ん

1-02図 仮説思考

▶ある家電メーカーの製品が他社製品と比べて売れ行きが伸び悩んでいた場合

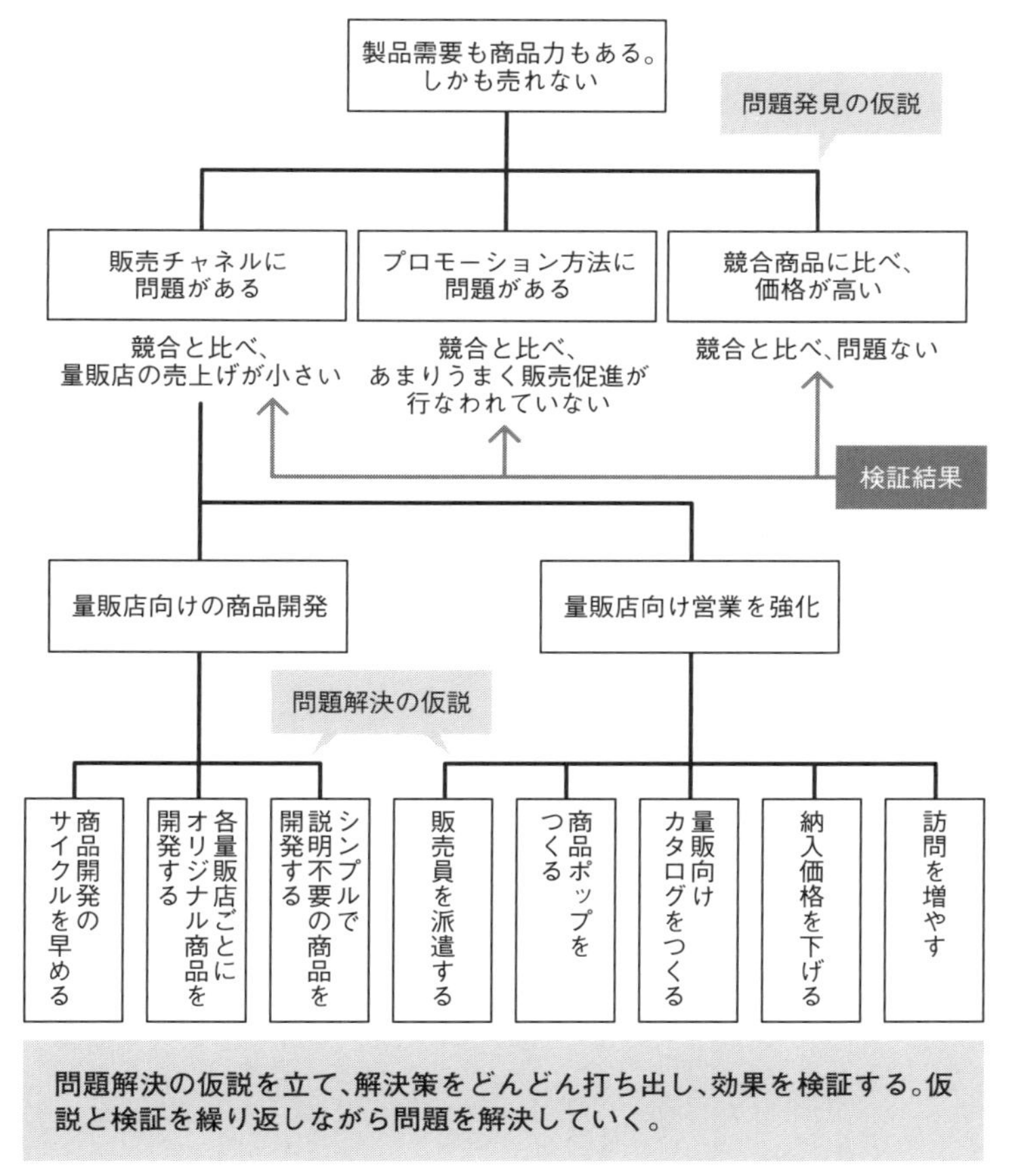

問題解決の仮説を立て、解決策をどんどん打ち出し、効果を検証する。仮説と検証を繰り返しながら問題を解決していく。

『仮説思考』より引用

でいないことが判明したとします。

そして、問題解決の仮説を立てます。たとえば、「①量販店向けの営業を強化する。②量販店向けの新商品を開発する」といった解決策が浮かんできました。こうした解決策をどんどん打ち出し、効果を検証します。

このように仮説と検証を繰り返しながら問題を解決していくわけです。

▼日常生活でも仮説と検証を繰り返して行動している

仮説思考のスキルは人を動かすときにも効果的です。他人に仕事を頼むときや、上司に自分がやろうとしていることを説明するときにも役立ちます。仮説思考のスキルが身につくと、大きなストーリーが書けるようになりますし、どんな情報が足りないのかといったことが明確になるからです。まず鳥の目で見て、ポイントを見極めて地上に降りていくという思考ができるようになります。

私たちは、日常生活でも仮説思考をしていることがあります。たとえば、ドライブをする際に「週末は道路が混雑するだろう」と予想するのも仮説です。それで過去のデータを調べてみたり、メディアの発表している渋滞予想を調べたり、過去にその道路を使った知人に尋ねてみたりします。これが検証です。それで、やはり混んでいそうなら「朝、早く家を出る」かもしれません。そして実際に走ってみて、それでも混んでいることがわかったら、次回はもっと早く家を出ようとか、他のルートを走ってみようとか思うはずです。

このように日常生活でも、私たちは仮説と検証を繰り返して行動しているのです。仮説思考のスキルは、日常生活のなかでも磨くことができるのです。

▼**『仮説思考』内田和成**著（東洋経済新報社）
著者は元ボストン コンサルティング グループ日本代表。著者が20年間のコンサルティング経験のなかで培った「仮説思考」の要諦がぎっしりと詰まった書。「仮説思考」は仕事の質とスピードが数段上がるスキルです。

03

クリティカルシンキング

思い込みにとらわれず、正しい結論にたどり着く

思考のルールに沿って論理的に考える技術

これができる！

- 論理的思考が身につく
- 思い込みがなくなる
- 正しい判断ができる

▼ 論理的思考ができるようになるためのスキル

私はコンサルタントを目指すなかで論理思考を備える必要があると思いました。もともと私は「右脳的」「直観的」な人間だと自覚していて、論理的な思考ができるように学習する必要性を感じたのです。

そこで学んだのが「クリティカルな思考」をするスキルです。クリティカルとは日本語では「批判的な」「批評の」と訳されますが、もともとはそういう意味ではありません。「物事を基準に照らして厳密に判断する」ことをクリティカルといいます。そして、「クリティカルな思考」とは、「適切な基準や根拠に基づく論理的で偏りのない思考」というこ

とです。

このスキルを身につけるには、思考の原則を知ることとです。思考の原則とは、思考を導き、思考に方向性を与えるルールとか枠組みといったものです。つまり、「原則に従って考える」ということです。

▼仕事にやりがいが持てるようになった！

あるメーカーの企画部に勤務するKさんは、アイデアマンで次々と斬新な企画が発想できました。しかし、その有効性をうまく伝えることができません。いくら素晴らしい企画でも、それを形にすることができないのです。

Kさんは悩みました。自分の感性や直観を理解しない上司や同僚たちにいらだち、組織で働くことに限界を感じ始めていたのです。フリーランスとして独立することも考えました。

しかし、このスキルを身につけることで、自分のアイデアをロジカルに説明できるようになったのです。その結果、Kさんの企画が社内で通るようになりました。

今ではその会社の出世頭です。Kさんは、もっと大きな組織で潤沢なリソースを使いながら、より大きな仕事ができるようになりました。Kさんは満足げな笑みを浮かべて「仕事にやりがいを感じています」と語っていました。

▼クリティカルシンキングのための原則とは

たとえば、こんな原則があります。因果関係を決めるときには**「一致法」**と**「差異法」**を併用するというものです。

「一致法」とは、「結果を引き起こす原因に目星をつけたら、同じ結果が起きている他の状況でも、その原因が発生しているかを調べる」ことです。食中毒が起きたとき、症状が出た人全員が同じ弁当を食べていたら、その弁当の食材が食中毒の原因だと考えられます。

一方「差異法」は、「結果が起きたときに、一方である出来事が起きなかった場合、違うものに原因があると考える」ことです。たとえば、同じ弁当を食べたのに、1人だけ食中毒にならなかったとします。その場合、その人物が、その弁当のなかで唯一食べなかった食材が原因だと目星をつけることができるのです。

「一致法」と「差異法」の両方が立証されてはじめて原因が特定でき、説得力も生まれます。

▼考えるときに気をつけなければいけないこと

論理的に思考するとき、注意しなければいけないことがあります。私たちは他人の行動を考えるとき、相手の性格や能力の影響を過大評価し、環境や状況の影響を過小評価する傾向があるのです。これを**「基本的帰属錯誤」**といいます。

たとえば、あなたが友人の部屋に行ったとき、彼は小さな椅子につま先立ちして天井にペンキを塗っていたとします。あなたがドアを開けたとたん、バケツが床に倒れ、あなたにもペンキが飛び散り、あたり一面ペンキだらけになりました。

このとき、あなたは友人のしくじりをどう考えるでしょうか。

おそらく、あなたは彼を「不器用な奴」「不注意極まりない」「間抜けな奴だなぁ」と考えるでしょう。つまり、私たちは他人のしくじりの原因を過度に本人の性質に帰属しようとするのです。

自分が同じような過ちを犯した場合、どう考えるかを忘れないでください。もしも、あなたがペンキをこぼしてしまった立場ならば、「この椅子がぐらぐらしているんだよ」「君が驚かすからだよ」と考えるでしょう。

物事を考えるとき、この間違いに気をつけなければいけません。

▼あなたの信念は必ずしも正しいとは限らない

他にも気をつけなければいけないことがあります。人は論理的に考えているつもりでも、実は単なる思い込みである場合があるのです。たとえば、信念に基づいて思考してしまうケースです。

信念とはやっかいなものです。そもそも私たちが日常で体験している出来事の多くは、実は偶然に起こっています。しかし私たちは、その出来事が偶然ではなく、何か説明のつかない要因のせいで起こったものだという信念を持ってしまうことがあるのです。一度植え付けられた信念は容易に変更することができません。

強烈な体験をすると、多くの人はそれを信じてしまいます。たとえば、ある地域で凶悪犯罪が起こった場合、テレビで連日その事件が報道され、それを繰り返し見てしまった視聴者は、「そこは怖い街だ」という信念を形成してしまうのです。誰もその街に移り住もうとは思わないでしょう。二度と同じような事件が起こることのない街だったとしても。

あなたの持っている信念は必ずしも正しいとは限りません。あなたの思考が先入観や誤った直観によって形成されたものでないかを常に吟味する必要があります。

まずは「自分の信念が正しいとは限らない」ことを自覚することです。自覚したうえで対処すれば、より論理的に考え、伝えることができます。

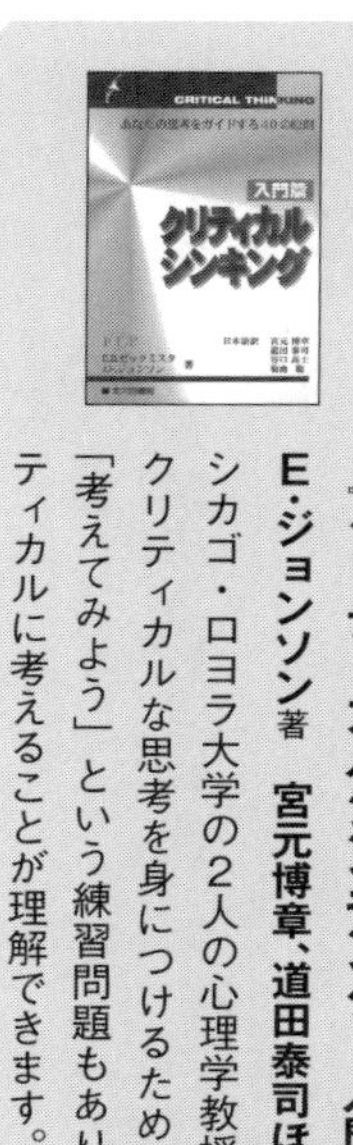

▼『**クリティカルシンキング　入門篇**』**E・B・ゼックミスタ、J・E・ジョンソン**著　**宮元博章、道田泰司ほか**訳（北大路書房）

シカゴ・ロヨラ大学の２人の心理学教授が書いた本。原則に基づいてクリティカルな思考を身につけるための方法を明らかにしています。「考えてみよう」という練習問題もあり、課題に挑戦するなかでクリティカルに考えることが理解できます。

04

フェルミ推定／ロジカルシンキング

限られた情報から正解の近似値を得る

論理的に概算する技術

これができる！

- 地頭力が磨かれる
- 作業時間を減らせる
- 考える力が鍛えられる

▼自分の頭で考える地頭力が求められる時代

コンサルタントの仕事を始めたころ、論理思考をさらに強化する必要性を感じていました。特に「フェルミ推定」は、コンサルティングファームの入社面接でも使われていることを知り興味を持ちました。

「フェルミ推定」を「地頭力」として紹介して、広く周知させた細谷功さんは、「ＩＴ化によって便利な時代が到来した。しかし、手軽な情報を安易に利用してコピーする『コピペ族』が増加するばかりで、真に頭を使いこなす者は減少している」と述べています。自分の頭で考えるというのが「地頭力」です。現代では、自分の頭で考える「地頭力」のある人材を多くの企業は求めているのではないでしょうか。

そもそも上司に質問されて、仮にそれが自分の知らないことであったとしても、「わかりません」と答えていたのではアウトでしょう。その場合でもわかる範囲で考え、何かしらの答えを出すことです。考えることから、決して逃げないという姿勢を見せることが大事です。考えることから逃げるか逃げないかで、その後の人生が決まってきます。間違ってもいいので、可能な限り答えを求めて考え抜きましょう。

▼「フェルミ推定」で上司の評価も上がった

情報システム会社に勤めるHさん（26歳）は、日々膨大な仕事量に悩まされていました。上司から頻繁に調査や分析の仕事が降ってくるのです。いくら時間をかけても満足な結果が出せず、上司からの評価も上がりませんでした。

そんなとき、上司から「フェルミ推定」のことを教わります。Hさんはこの「フェルミ推定」を学んだことで、「集めるべきデータ」の当たりをつけるのが上手になりました。おかげで不要なデータを集めることが少なくなり無駄な時間がなくなっていったのです。

また、枝葉末節を切り落とし、単純化することがうまくなりました。単純化すると、調査結果を相手に伝わりやすくなります。その結果、仕事に余裕ができ、上司の評価も上がっていきました。

仕事において、100%はありません。完璧な仕事をしようと思っても無理な話なのです。仕事の現場では、限られた時間、限られた情報のなかで最善の結果を出すことが求められます。

また、常に仕事の全体像と自分の現在地を把握しておく必要があります。そのために、「フェルミ推定」の思考プロセスは大いに役立つのです。

▼ノーベル賞物理学者エンリコ・フェルミ博士

インターネットが普及して、情報が集めやすくなりました。そのため、情報量では差別化できなくなっています。それどころか、情報の洪水に溺れて、にっちもさっちもいかなくなっている人が増加しているのではないでしょうか。

これを防ぐには、情報と正しく付き合う方法を学ぶ必要があります。そのうえで、インターネットやパソコンではできないような分野で頭を使うべきです。

すなわち、膨大な情報を選別して「付加価値をつける」という、本当の意味での「考えること」に頭を使うといいでしょう。それこそが「地頭力」です。

繰り返しになりますが、「地頭力」を身につけるために有効なのが「フェルミ推定」です。ノーベル物理学賞を受賞したエンリコ・フェルミ博士の名前からそう呼ばれています。この思考法が「考える力」を鍛える強力なツールになるのです。

▼論理的に推論し短時間で概算する

「フェルミ推定」とは、与えられた数値をもとに、論理的に推論し短時間で概算することです。たとえば、「日本に電柱はいくつあるか？」という問いには、本来データがなければ算出できないので答えられません。しかし、知っている数字、与えられた材料だけで、ある程度は推測できます。

①面積当たりの電柱本数を日本国土に展開すると仮定します。**（アプローチ設定）**

②国土全体を市街地と郊外に分類し、それぞれ面積当たりの電柱本数にと市街地率と郊外率を想定します。**（モデル分解）**

➡たとえば、市街地１平方キロメートルあたり４００本、郊外１平方キロメートルあたり25本

③実際に計算してみます。**（計画実行）**

⬇［日本の面積30万平方キロメートル×（400本×市街地率0・2）］＋［日本の面積30万平方キロメートル×（25本×郊外率0・8）］≒3000万本

④統計データを用いて検証します。**（現実性検証）**

⬇NTTのデータによると3300万本

この4段階の手順で進めていきます。

▼日頃からこのスキルを使うこと

このスキルは、学生が勉強に生かしたり、研究者が研究を進めたり、あらゆる「考える」シーンで活用できます。

企業においては問題解決の業務に関わる人、または、そういう人を補佐する若いコンサルタントや調査などに携わる人などは、そのまま職場で役立ちます。

大事なのは、最初にストーリーを描くことです。分析や調査をするとき、「とりあえずデータを集めよう」と進める人が少なくありませんが、それでは時間ばかり浪費します。大事なことはデータ集めの前に仮説を持つことです。仮説に基づいて全体のストーリーを考えなければいけません。

そのうえで、そのストーリーを検証するためのデータを集めるわけです。そのほうが断然早いし、楽に仕事が進められます。

日頃からこうした思考をすることで「地頭力」が鍛えられるのです。

▼**『地頭力を鍛える』細谷功**著（東洋経済新報社）

「フェルミ推定」を「地頭力」として紹介した本。著者は「仮説思考法」「フレームワーク思考法」「抽象化思考法」の３つを鍛えることで地頭力が身につくと主張。その強力な武器となるのが「フェルミ推定」です。

第2章

学びを稼ぎにつなげる発想法＆読書術

発想法＆読書術

05

発想法

工場で車を作るようにアイデアを自動的に生み出す

広告のプロのアイデア着想法

これができる！

- ▶ アイデアが次々生まれる
- ▶ インプットする習慣が身につく
- ▶ 発想のプロセスがわかる

▼ 斬新なアイデアをどうやって手に入れるか？

アイデアが出てこなくて困っている人が多いのではないでしょうか。私もサラリーマン時代、企画やキャンペーンのアイデアが出てこなくて苦労しました。いくら絞り出しても出てこないのです。「3人寄れば文殊の知恵」といいますが、アイデア会議に数人が集まって話し合ってもちっとも出てきません。斬新なアイデアが降りてきたらいいのになぁと思ったものです。

独立してからは、あらゆる局面でアイデア捻出の必要性に迫られました。原稿の執筆に始まり、講演のネタ、会社を立ち上げてからは、事業計画やマーケティングなど。アイデアが浮かんでこなければ原稿ひとつ書けません。締め切りが迫ってくるのに、アイデアがひとつも浮かんでこないときは焦って頭をかきむしりたくなるものです。

そこで、ふと浮かんできた疑問があります。芸術や広告などの世界のクリエイターたちはどうやってアイデアを生み出しているのだろう？　テレビＣＭを見ても「いったいどういう発想でこんなものが作れるんだろう？」と感心することがあります。彼らのアイデアの源泉は何なのか、興味がありました。

そんなとき、『アイデアのつくり方』（ジェームス・Ｗ・ヤング）という本を紹介されたのです。この本を読んだときの正直な感想は、「へえ、こんなんでいいんだ」でした。そうなんです。あまりにも簡単なことだったのでビックリしました。

アイデアを生み出すための手順が示してあるのですが、それはシンプルなものです。実際、この手順に従えば、斬新なアイデアが、工場で車が作られるように自動的に作られていくのです。

「クリエイターたちは、こんな方法で斬新なアイデアを手に入れていたんだ」

この手順を知ってから私は、アイデアを生み出すことがずいぶん楽になりました。

▼斬新なアイデアを手に入れるための手順

結局、アイデアというのは組み合わせにすぎないのです。天才たちは、まるで天から降ってきたようなことを言っていますが、実際には何かと何かを組み合わせて、新しいものを生み出しているのです。「アイデアは組み合わせで生まれる」ということを前提にすると、どのようにして斬新なアイデアを手に入れるのかということが見えてきます。

ヤングは、コナン・ドイルのシャーロック・ホームズを例にあげています。名探偵のホームズはスクラップブックを眺めて暇つぶしをするのです。スクラップブックには、自分が書きためた事件に関する資料があります。莫大な量の資料です。新聞の切り抜き、出版物の記事、直接自分が体験したことなどです。

ヤングはアイデアを生み出すための最初の手順は、まさにこれだと言っています。つまり、資料集めです。

斬新なアイデアを手に入れるための手順をまとめると次のようになります。

ステップ1　資料集め

テーマに関係した資料と、関係のない資料（一般知識や自分が関心のある分野の知識など）の両方を集めることです。前者の資料はその都度集めるとして、後者の資料は常に蓄えておく必要があります。

ステップ２　資料に手を加える

咀嚼することです。資料のなかの２つのことを並べてみて、どう組み合わせられるかを考えてみたり、調べてみたりします。そうすると、部分的なアイデアが浮かんできたりしますので、それを書きとめておきます。

ステップ３　孵化段階

そのことをいったん忘れます。シャーロック・ホームズがいつも事件の最中に捜査を中止し、ワトソン君を音楽会へ連れていくのと同じです。つまり、アイデア創出のことなどいったん忘れて、自分の想像力や感情を刺激してくれるものに心を移します。音楽を聴いたり、芝居や映画を観たり、小説を読んだりするといいでしょう。

ステップ４　アイデアの実際上の誕生

実際のアイデアは机の上では浮かんできません。ある日、突然やってきます。ヒゲを剃っているときとか、お風呂に入っているとき、あるいは朝の寝ぼけまなこなときに訪れるかもしれないのです。そのときが来るのをワクワクしながら待ちましょう。

ステップ5　最終的にアイデアを具体化し、展開させる

生まれたばかりのアイデアを現実の世界に連れ出す必要があります。現実的に可能かどうか、何か欠けているものはないかを考え、精査し、完成させるのです。

▼私が毎日書評を書き続けるワケ

このアイデアを生み出す方法を知った私はこう思ったのです。

「継続的にアイデアを出し続けるにはどうすればいいのだろう?」

私は毎日アイデアを出さなければいけません。原稿を書くこともそうですし、会社の仕組み作りにしても、セミナーの内容にしても、アイデアが決め手になります。上質なアイデアが浮かんでこなければ困ったことになってしまいます。

要は、情報を集めて放っておけばひらめくわけです。ひらめきはいつやってくるかわかりませんが、情報を集めることはいつでもできます。しかも、「一般的な知識は常に集めて蓄積しておきなさい」とヤングは言っているのです。

ですから、継続的にアイデアを出すために、情報のインプット作業を習慣にしようと思いました。具体的には本を読むことです。一般的な知識を詰め込んでおく必要があるので、幅広く興味のある分野でも、また興味のない分野でも関係なく雑食でいこうと思いました。

しかし、ただインプットするだけでは習慣化しません。そこで、私はアウトプットすることを自分に課しました。読み手がいるということを意識すると、毎日続けられると思ったからです。これが私のメールマガジン「ビジネス選書＆サマリー」を始めた一番の理由です。いまでも発信し人気を博しています。

▼このスキルを活用するコツはインプット！

「猛烈なインプット」を日頃からしておけば、アイデアは案外簡単に浮かんでくると思います。アイデアが浮かんでくる体質になるのでしょう。インプットを常にやっていると、自然とそういう体質になっていくのだと思います。無意識のうちに関係のない情報と情報が頭のなかで組み合わさって意識下に降りてくる感じです。

私のもとには毎日数冊ずつ出版社から本が送られてきます。メールマガジンで書評を書いているおかげです。さらに、個人的にも気になる本は購入します。そうした本を1日に10冊は目を通します。目次や中身をパラパラとめくって、目が留まった個所を熟読していくのです。

プライベートでは小説も読みます。小説の場合はしっかりと1ページずつ読んでいきます。小説の場合はビジネス書と違い感受性や情感を養ってくれるので、感情移入しながらのめり込むように読むといいでしょう。

▼「週末起業」も5つのステップから生まれた

ひとつのアイデアが浮かんでくるプロセスを紐解いてみましょう。私の場合、頭のなかでどのような作業をしているのかを整理してみました。

たとえば、私が「週末起業」という起業スタイルを思いついた経緯を紹介します。「週末起業」というのは「会社を辞めずに起業する」という起業コンセプトで、私が提唱しているものです。起業というと、以前は「会社を辞めてから始めるのが普通」でしたが、私は「会社にいるうちから始め、うまくいったら辞めればいい」と提唱しました。書籍などで世の中に発信したところ「目からウロコの起業スタイル」として大きな反響を呼びました。

私がこのコンセプトに思い至ったのは、当時、私が経営コンサルタントとして、起業家のお手伝いをしていたからです。その活動のなかで、会社を辞めて起業したもののうまくいかず、路頭に迷ったり、再びサラリーマンに戻ったりするビジネスパーソンをたくさん見ていました。

そんななか、「何とか起業する人のリスクを減らせないか」と、いつも問題意識を持っていました。当然、起業の分野に関する本をたくさん読み、いろいろな経営者やコンサルタントの話を聞いていました。これがヤングの言う**「ステップ１／資料集め」**の段階にあたります。テーマに関係した資料を集めている状態です。もちろん、テーマに関係のない資料も集めていました。私には、もともと本や雑誌をたくさん読む習慣があったからです。

その後、本格的に起業のコンサルタントとして仕事をすることを決意し、自分を特徴づける斬新なアイデアはないかと考えるようになりました。そして、これまで集めてきた資料のなかの複数の要素を比べてみて、組み合わせを考えたりしました。これが**「ステップ２／資料に手を加える」**の作業にあたります。すると、部分的なアイデアが浮かんできたりします。たとえば、サラリーマンと起業家を比較して「サラリーマンは不満が多いが、起業家は不安が多い」などということに気がつきます。そういうことを、逐一メモしておきました。

もちろん、いつもこのことばかり考えているわけにはいきません。他の仕事もありますし、プライベートもあります。それで、いったん考えていることを忘れてしまいます。これが**「ステップ3／孵化段階」**にあたります。

そんなことをしているとき、「ユリーカ！」と叫びたくなるようなアイデアをひらめきました。私のケースでいうと「会社員でも仕事をしていない時間があるじゃないか！　その時間に自分のビジネスを始めてしまえばいいじゃないか！」というアイデアが浮かんできました。これが**「ステップ4／アイデアの実際上の誕生」**にあたります。

実際のアイデアは机の上で浮かんできません。ある日、突然やってきます。ヒゲを剃っているときとか、お風呂に入っているとき、あるいは朝の寝ぼけまなこなときに訪れるかもしれません。私の場合は、たしか子どもとプールで遊んでいるときでした。

これを当時お手伝いしていた起業家や、ビジネスパートナー、出版社や雑誌社の知り合いに話したところ「おもしろい」ということになりました。また調べてみると、実際に会社にいながら起業の準備を開始し、ビジネスを始めてしまう人も少なくないことがわかり

2-01図 発想法

斬新なアイデアを手に入れるための手順

▶「週末起業」を思いついたアイデアの変遷

ステップ1　資料集め

テーマに関係した資料だけでなく、関係のない資料も本や雑誌から集める。

ステップ2　資料に手を加える

これまで集めてきた資料のなかの複数の要素を比べてみて、組み合わせを考える。

ステップ3　孵化段階

いったん考えていることを忘れる。

ステップ4　アイデアの実際上の誕生

会社員でも仕事をしていない時間があることに気づき、
「その時間に自分のビジネスを始めてしまえばいい」というアイデアが浮かぶ。

ステップ5　最終的にアイデアを具体化し、展開させる

生まれたばかりのアイデアを現実の世界に連れ出して、
現実的に可能かどうか、何か欠けているものはないかを考え、精査し、完成。
「週末起業」というネーミングも決まる。

５つのステップを意識してたどることで、意図的にアイデアを発想しやすい環境を作ることができる。

ました。このように、生まれたばかりのアイデアを現実の世界に連れ出して、現実的に可能かどうか、何か欠けているものはないかを考え、精査し、完成させたのです。そのなかで「週末起業」というネーミングも決まりました。これが**「ステップ5／最終的にアイデアを具体化し、展開させる」**段階です。

このように突然ひらめいたように思えるアイデアも、一定のプロセスを経て思い至っていることがわかります。つまり、このステップを意識してたどることで、意図的にアイデアを発想しやすい環境を作ることができるのです。

▼**『アイデアのつくり方』ジェームス・W・ヤング**著 **今井茂雄**訳（CCCメディアハウス）

1960年代、アメリカ最大の広告代理店で敏腕をふるい、のちに同社副社長になり数々の公職でも活躍したクリエイターが作った斬新なアイデアの発想法。以来、広告クリエイターたちのバイブルになっています。

06

ノート術

放射型思考ツール
脳の構造に沿って、スムーズに発想・記録する

これができる！

- マインドマップが書ける
- 物事を俯瞰で捉えられる
- 意思決定力が高まる

▼アイデアを出すときのスタイル

　私は会社員時代、早い時期から「いつかは独立しよう」と思っていました。そして時間さえあれば、さまざまなビジネスを模索し、会社を経営している自分を想像していたのです。喫茶店で妄想しているとおもしろいアイデアが突然浮かぶことが何度かありました。

　ペンと紙だけ持って喫茶店へ行き、頭のなかにひらめいたものをどんどん記録しました。言葉では追いつきませんので、浮かんできたキーワードだけ拾っていきます。３色ボールペンで色を変えてみたりしました。思いつくままにキーワードを書き、ときどき色を変えるのです。楽しい作業でした。

アイデアを発想するときは、３色ボールペンを使って落書きするような感覚で思いつくままに紙に書いていくという習慣がいつしか出来上がりました。アイデアが浮かんでくるようにするには手を動かすことが重要なのか、それとも、３色のボールペンが役に立つのか、思いつくままにキーワードだけ書いていくことがいいのか、理屈はわかりませんでしたが、いつのまにかそんなスタイルができていたのです。

▼放射思考する脳にアクセスするマインドマップ

アイデアがひらめくというのはいったいどういう仕組みによるものなのか、不思議でなりませんでした。このアイデア発想法を論理的に裏付けてくれたのがトニー・ブザンです。トニー・ブザンはマインドマップの発明者であり、脳と学習の世界的権威です。人間の脳には推定１兆個の脳細胞があると言われています。脳細胞は中心体から何十、何百という触手が放射状に伸びているのです。さらに、その触手は木の枝のようにいくつも分かれています。

天才たちのノートを調べていたトニー・ブザンは、脳細胞と似たような形になっていることを発見します。しかも、脳は放射状に思考することがわかってきました。放射思考する脳を鏡のように映し出して、脳の発想力にアクセスできるようにするのがマインドマップです。

▼基本的なマインドマップの描き方

マインドマップの描き方はおおよそ次のようなものです。

ステップ１　まず１枚の紙を用意します。

ステップ２　紙のど真ん中にテーマを書きます。

ステップ３　放射状に数本の枝を伸ばします。

ステップ４　それぞれの枝にひとつずつ、基本アイデアを書いていきます。それぞれの枝にはキーワードを書くのです。文章ではなくキーワードです。そのほうが連想が広がりますし、何より早く書けます。

ステップ５　そこからさらに枝分かれさせて展開します。

ステップ６　要所に絵、図形、記号などのイメージを使って記憶に残りやすくします。

ステップ７　色も積極的に使います。なるべく３色以上。脳はモノトーンよりも、イ

ステップ8 メージや色に反応します。カラフルなマインドマップを描きましょう。線や文字など、重要だと思われるものは、立体的に描いて強調します。

ステップ9 ほぼ出来上がったら、全体を俯瞰して関連個所を矢印や記号で示したり、枝を囲んだり、重要個所をハイライトしたりして仕上げます。

▼マインドマップはノートをとるときに使える

記憶、思考、発想など、脳を使うすべてのシチュエーションで活躍するツールがマインドマップです。たとえば、ノートを取るときにも使えます。プレゼンや講義、授業など、今まではホワイトボードに書いてあるものを書き写していただけではないでしょうか。また、資料を読み込んで、それをノートに書くときは、長々と文章にしたリストを作っていたはずです。

そのようなノートの取り方だと書いても覚えられません。理解もできないでしょう。そこから発想を広げることは難しいと思います。まず俯瞰で全体像を眺めることができません。色分けもなければ、強調もできていないので、記憶に残す力はきわめて低いといわざるを得ません。

マインドマップならば、紙1枚に描いて一覧できます。俯瞰で眺めることができますので、理解力も増すでしょう。絵や図形や記号、さらに立体的に描いてあることによってイメージとしてとらえることができます。それゆえ、記憶に残るのです。

▼手を動かしながらものを考える

私は記録法というよりも、アイデア発想によく使っています。原稿を書くとき、いきなりパソコンに向かってもアイデアは出てきません。1行も書けずに唸っているだけです。そんなときは、パソコンから離れてノートにマインドマップを描くようにしています。

書くべきテーマを紙の中心に書き、そこから枝を伸ばしていき、頭に浮かんだキーワードを書き込んでいきます。自由に色を変えて、放射状に枝を描き入れるのです。そのとき、絵を描いたり、記号を入れたり、枝を立体的に太くしたり、とにかく手を動かしていきます。

何かを発想するとき、手を動かすというのはとても大事だと思うのです。手は第二の脳と言われるように、脳と密接につながっています。手や指を動かすと脳を刺激すると聞いたことがあります。手を動かしながらものを考えるのがいつのまにか私の習慣になっているようです。

▼全体を俯瞰して意思決定できる

マインドマップは意思決定にも使えます。たとえば、新しいパソコンを購入するときに、思い浮かぶキーワードをマインドマップに描いてみるといいでしょう。現在使っているパソコンの現状や不満、使用状況などをマインドマップに描いてみます。優先度やタイミング、感情なども浮かんできたら自由に描いていきましょう。

もしかすると描いている途中で答えが出てくるかもしれません。自分の頭のなかが整理されてパソコンを購入する必要はないんじゃないかという結論になるかもしれませんし、購入すべきパソコンが浮かんでくるかもしれないのです。

いくつかの候補が出てきて、どのパソコンにするか迷ったら、項目ごとに点数をつけてみるのもいいでしょう。合計点の高いほうに決めるという方法もあります。

いずれにしても、マインドマップだと全体を俯瞰することができるのです。たとえば、パソコン機器を選ぶ場合、どうしてもスペックばかりを注視してしまいがちです。しかし、マインドマップで考えれば、デザインや周囲へのインパクトなど、数値化できない要素にも目を向けて意思決定できます。これがマインドマップの優れている点です。

▼マインドマップを人生設計に役立ててみる

マインドマップは細かい規定やルールがありますが、私は自己流で使っています。描き方の基本を押さえたら、あとは創造性を発揮して自由に描いていけばいいと思うのです。創意工夫するほど脳は鍛えられるのだと思います。

たとえば企画書を書くとき、いきなり書きはじめないで、まずはマインドマップを描いて考えます。新規事業を考えるとき、マインドマップを描いて眺めていると思いがけないアイデアが浮かんでくるかもしれません。また、プライベートでも子どもの教育方針で悩んだとき、マインドマップを描いて問題を整理してみるなどの使い方が可能です。

マインドマップはあらゆる局面で使えるツールです。脳の力が求められる、すべてのことに使うことができます。

そこでぜひ、おススメしたいことがあります。１年に１度、３日間くらい自分１人の時間を作り、静かに落ち着いて人生を考えてみるのです。そのとき、使いたいのがマインドマップです。ここに、自分の夢や現状、障害、必要なもの、思いつくままにキーワードを

2-02図 マインドマップ

マインドマップを人生設計に役立ててみる

▶私の人生計画をマインドマップにするとこうなった

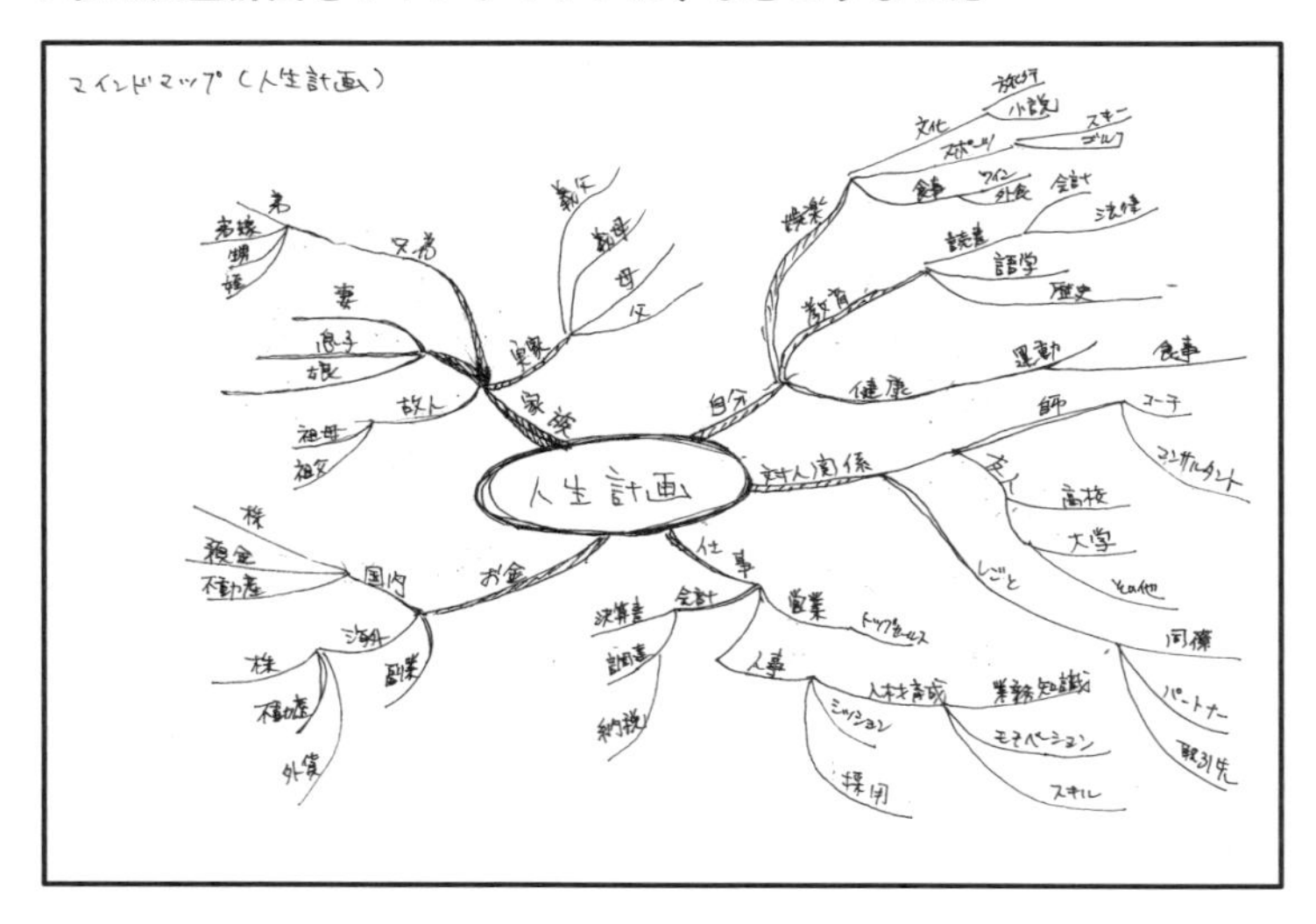

何を書けばいいのかわからないことも、手を動かすとどんどんアイデアが広がって止まらなくなる。

書き出してみてください。マインドマップを使って、人生設計を立ててみるのです。そして、毎年、見直します。このような習慣を作れば充実した人生を送れると思います。

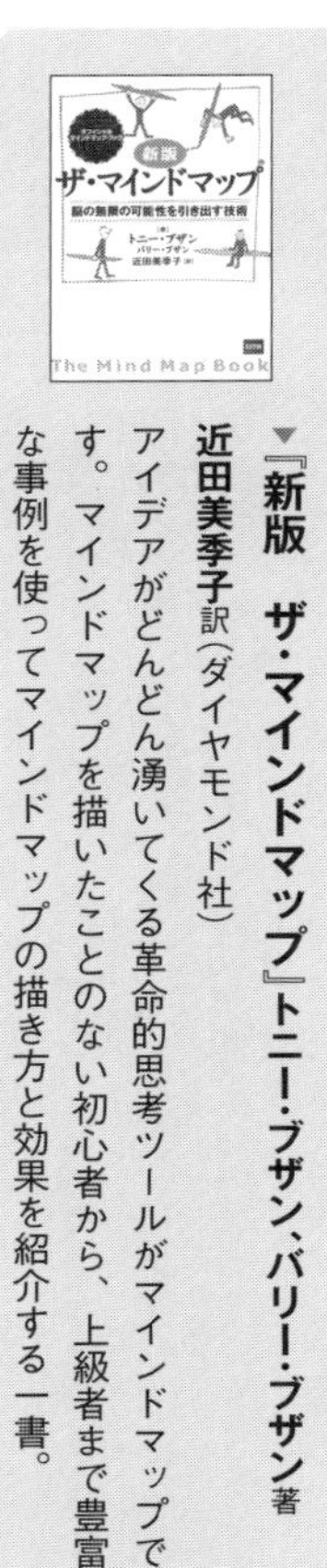

▼**『新版　ザ・マインドマップ』トニー・ブザン、バリー・ブザン**著　**近田美季子**訳（ダイヤモンド社）
アイデアがどんどん湧いてくる革命的思考ツールがマインドマップです。マインドマップを描いたことのない初心者から、上級者まで豊富な事例を使ってマインドマップの描き方と効果を紹介する一書。

読書術

07

4ステップ知識吸収法
本を「段階的」に読んで、効率的に知識を得る

これができる！

- 読むべき本がわかる
- 短時間で本が読める
- 読書の習慣ができる

▼知的労働に読書は不可欠

私たちの仕事の内容は、ますます知的生産業務の比重が大きくなっています。知識をいかに多く素早く吸収するかがビジネスパーソンたちの課題ではないでしょうか。そうなると読書の重要性がますます高まります。

しかし、「本を読まねば」と思いながらも、読めずにいる人があまりにも多いのではないでしょうか？　その理由は何でしょう？　時間がないからでしょうか。それとも、読書に苦手意識があるからでしょうか。

もしかすると読書法を知らないからかもしれません。そもそも私たちは、読書法など学

校で習った覚えがありません。けれども、M・J・アドラーとC・V・ドーレンらが、何十年も前にビジネス書や実用書などを読む手順と方法をわかりやすく解説してくれています（『本を読む本』）。

私は年間１０００冊以上の本に目を通しています。これを始めてから知識の吸収量が飛躍的に向上しました。

▼読書の第一レベルは初級読書

中学・高校で漢字や言葉を覚え、だいたいの本ならば読めるようになります。先生の力を借りなくても１人で読めるようになりますが、まだ十分ではありません。高度な読書技術を習得する準備ができたというレベルです。

多くの人はこのレベルではないでしょうか。

日本政府は子どもの読書力の向上のために「子どもの読書活動の推進に関する法律」を作って積極的に取り組んでいます。小学校では「朝読み」という朝の読書運動が広まり、始業時間前に読書の時間を設けるところが増えています。しかし、大学生になると読まない人が急に増えていきます。全国大学生活協同組合連合会の学生生活実態調査（２０１５

年）によると、「1日の読書時間がゼロと答えた学生は45・2％だった」というのです。

社会人で積極的に読書する人がどれくらいいるでしょうか？

知的生産業務の比重が大きくなっている現代において、読書する人としない人の差はますます広がっていくでしょう。

▼読書の第二レベルは点検読書

M・J・アドラーらは**「点検読書」**というものを読書の第二レベルとして提唱しています。正直、私はこの「点検読書」という概念を知ったとき、少なからず驚きを覚えました。はじめて聞く考え方だったたからです。

点検読書の目的は、入念に読む価値があるかどうかを調べることです。調べていくうちに読む必要がないという結果になるかもしれません。読む必要のない本のために時間を費やすのはもったいないですから、それを調べるための点検読書は重要だといえます。

点検読書は次のような手順で進めていきます。

ステップ１　表題や序文を見る

タイトルやサブタイトルからその本の目的や取り扱う範囲を見極めます。著者のものの見方なども把握できるとなおいいでしょう。そして、その本を分類して心のなかの書棚のどこに置くかを考えてみます。

ステップ２　目次を調べる

本の目次は映画でいうと予告編のようなものです。目次を見れば、その本がどのような構造になっていて、どのような内容が書かれてあるのかがある程度把握できます。

ステップ３　索引を調べる

索引のない本もありますが、ついているものは調べるようにしましょう。索引に出ている重要な言葉は、そのページを何か所か開いて読んでみることです。

ステップ４　カバーに書いてあるうたい文句を読む

空虚な宣伝文句だとあなどってはいけません。その本の論点を正確に要約していることも珍しくないからです。

2-03図 読書術

点検読書の4つの基本ステップで、読む価値がある本かを調べる

ステップ1 表題や序文を見る

タイトルやサブタイトルからその本の目的や取り扱う範囲を見極める。

ステップ2 目次を調べる

その本がどのような構造になっていて、
どのような内容が書かれてあるのかがある程度把握できる。

ステップ3 索引を調べる

索引のない本もあるが、索引に出ている重要な言葉は、
その説明のあるページを何か所か開いて読んでみる。

ステップ4 カバーに書いてあるうたい文句を読む

本の論点を正確に要約していることも多い。

限られた時間で、できるだけ多くの情報を手に入れるには、点検読書が役立つ。

以上の４つのステップで、読む必要があるかないかを判断します。さらに、「点検読書」は次の段階へと進みます。

▼点検読書のさらなるステップ

ステップ5　その本の議論のかなめと思われるいくつかの章をよく見る

先の４つのステップでその本の全体像が漠然と見えてきます。すると自分にとってどの章が重要なのかがわかってくるのです。その重要な章のはじめと終わりを読んでみてください。その章の要約が書いてあることが多いので、内容がひと目で入ってきます。

ステップ6　ところどころ拾い読みしてみる

２ページか3ページくらい拾い読みしてみます。本全体を俯瞰で眺めてみて、直観でいいので「あ、ここが重要かな」と思ったところに降りていって拾い読みするわけです。

特に最後の結びの部分は読むようにしましょう。著者はたいがい最後に自分の意見を語っているからです。

▼ビジネスパーソンたちには「点検読書」で十分

M・J・アドラーらは、著書のなかで読書の第三レベルとして**「分析読書」**を勧めています。「本を分類しなさい」とか「著者の伝えたいことを読み解きなさい」とか「本を正しく批評しなさい」「著者に賛成するか反論するか」といった読書術を伝授してくれています。

しかし、私は、第二レベルの「点検読書」でも十分だと考えています。なぜならば、私たちの目的は限られた時間で、できる限り多くの情報を手に入れることだからです。

以前、読書会を開催していたことがあります。気になる本をお互いに持ち寄るのです。そして最初の30分間で読みます。そのあと、その本に何が書いてあったかを1人ずつプレゼンするのです。

たった30分で内容を把握して発表しなければいけないので「分析読書」はできません。おのずと「点検読書」になってしまいます。それでも情報を仕入れるという目的は十分達成できるのです。

▼さまざまなビジネスシーンで必要なスキル

そもそもこの読書法は本好きの人なら誰でもやっていることです。タイトルや目次や序文などにザッと目を通してどこに自分の求めている情報が書いてあるかを見極めます。そして、どこにも自分に必要な情報はないと思ったらサッサと本を閉じてしまえばいいし、必要だと思ったらそこだけじっくりと読めばいいのです。ビジネス書を毎日１冊読んでいるという人はたいがいこうした読み方をしているものです。

要は「本を選ぶスキル」「情報を選択するスキル」といってもいいでしょう。このスキルはビジネスシーンでは随所で発揮されます。

仕事関連の参考資料や書籍、インターネットの文字情報など、短時間で読まなければいけないものは案外多いものです。企画書や提案書を作るときや、会議で発言しなければいけないときなど、いちいちじっくりと読んでいる時間はありません。そんなときは、この「点検読書」で対処できるはずです。

▼ビジネスパーソンにとって読書は素振り

読書は習慣にすることが大事だと思います。ビジネスパーソンたちの基礎体力を向上させてくれるのが読書だからです。いわば、プロ野球選手が毎日やっているバットの素振りのようなものです。素振り練習は、バッターにとっては基本中の基本です。この基本を実践した選手だけが一流になれます。

長嶋茂雄監督が松井秀喜選手と過ごした日々を振り返ってこう言っています。

「1992年のドラフトで引き当て、初めて対面したのはその年のクリスマスの入団発表の時ですが、がっしりした大きな身体が大学生以上どころか、まるでアメリカンフットボールの選手でした。『巨人を背負って立つ打者になる』とピンときて、すぐに3年計画、千日の素振りをやらせることを決めたのです。調子が良いとか悪いとかは関係なし、とにかくボールを打たない素振り、素振り、また素振りです。もちろん〝正規の練習〟とは別に、ですよ」*

ビジネスパーソンにとって、この素振りに匹敵するのが読書です。読書を習慣にした人は強いです。習慣化のためには、本を読む時間を決めておくことが重要だと思います。私は10年以上前から朝8時から9時30分までを読書の時間と決めています。

もうひとつ習慣化のために必要なことは、読書せざるを得ない状況を作ることです。たとえば、書評のブログを始めるといいと思います。１週間に１回のペースでもいいですし、３日に１回でも、自分に合ったペースで更新すればいいのです。本を読んで仕入れた情報を、ブログにアウトプットしていけば自分の頭のなかにその情報が定着しますし、読書の励みになります。周囲に「１週間に１回、必ず更新します！」と宣言して自分を追い込んでみるのもいいかもしれません。

▼**『本を読む本』M・J・アドラー、C・V・ドーレン**著　**外山滋比古、槇未知子**訳（講談社）
１９４０年にアメリカで刊行されて以来、世界各国で翻訳され読み継がれてきた本です。読むべき本をどうやって選別するのか？　読書の本来の意味とは？　どのようにして本を読んでいけばいいのか、実際的な読書の技術をわかりやすく解説してくれています。

＊セコムＨＰより引用

第3章

スキルを使いこなすためのビジネス基礎力

ビジネス基礎力

08

文章術／ピラミッドストラクチャー

正確に伝わるビジネス文章のルール
言いたいことを相手に伝わる文章で論理的に書く

これができる！

- ビジネス文章力が上がる
- 不明瞭な文章が明確になる
- 資料作成に強くなる

▼自分の書いた文章が相手に伝わらないもどかしさ

自分の文章が伝わらないと感じたことはないでしょうか。上司から「君の文章は何が言いたいのかチンプンカンプンだ」とか、「もっと簡潔にわかりやすく書きなさい」などと叱責を受けた経験があるかもしれません。

私はもともと文章が好きで、本をたくさん読んできました。自分でも日記や読書感想文などの文章を書いていました。ですから、文章はお手の物だと思っていました。

しかし、ビジネスの文章は別物でした。職場では、レポートや企画書、提案書、報告書など、日記や小説などとはまったく違う文章を書きます。会社員だったころには、自分の書く文章が周囲に伝わっていないというもどかしさを感じたものです。

そこで、できる人の文章を読んで勉強しました。彼らの文章は、おもしろみはありませんが、論理的で無駄がなく一定のルールがあることに気づいたのです。

あるとき、アメリカ系コンサルティング会社に勤める人から、アメリカにはビジネス・ライティングのコースがあることを聞かされました。そこで出会ったのがバーバラ・ミントの『考える技術・書く技術』でした。

▼読み手の理解するプロセスはピラミッド構造になっている

文章が伝わらない原因はどこにあるのでしょうか。もしかすると、一つひとつの文章を簡潔に書いて、それをつなぎ合わせれば、伝わる文章になると思い込んでいる人がいるかもしれません。しかし、それは文体の問題にすぎません。重要な問題はもっと他にあるのです。

書いたものが不明瞭なのは、多くの場合、書き手による考えの並べ方が読み手の頭のなかの理解プロセスとうまくかみ合っていないことが原因です。

読み手にとって、もっともわかりやすいのは、まず主たる大きな考えを受け取り、そのあとに、その大きな考えを構成する小さな考えを受け取るという並べ方です。主たる大きな考えが頂上にあり、それを複数の小さな考えのグループが下で支えるというピラミッド構造になっている。これが読み手の理解のプロセスに沿った伝わりやすい文章の並び方なのです。

▼ピラミッド構造の作り方

具体的に説明します。文章を書くにあたって、事前に伝えたいメッセージをピラミッド型に並べてみます。

ステップ1　箱をひとつ描きます

これはピラミッドの頂上にあたるもので、書き手が伝えようとしているテーマを書き入れます。たとえば、研修会社に勤めてる人が個人向け教育事業からの撤退を考えているとしたら「個人向け事業から撤退するべきだ」と記載します。

ステップ2　疑問を書いていきます

上記のメッセージについて読み手がどんな疑問を持つかを考え、その疑問を書いていきます。たとえば「市場規模は？」「競合は？」「自社は？」といった具合です。

ステップ3　答えを書いていきます

次に、それぞれの問いに対して、答えがわかるならそれを書いていきます。わからなかったら空白にしておきます。たとえば「市場の見通しは暗い」「競合が激しく、収益率が低い」「自社の強みが生かせない」などと書いていきます。

ステップ4　状況を明確にします

さらに、それら一つひとつについて「これが正しいと言うために、何を言う必要があるか」を考えます。たとえば「市場の見通しは暗い」ことが正しいことであると証明するなら「市場規模が小さい」「市場の成長性が低い」「顧客の所得水準が低い」ことなどをあげれば納得が得られやすくなります。これを、新たな階層として追加していきます。

そして、それぞれの項目について、読み手が知っていることや、客観的な事実、あるいは容易にチェックできることなど、状況について議論の余地のない部分を書いていきます。右記でいうなら「市場規模」「市場の成長率」「顧客の所得水準」などについて入手可

3-01図 文章術／ピラミッドストラクチャー

ピラミッド構造の作り方

▶研修会社に勤めている人が
個人向け教育事業からの撤退を考えている場合

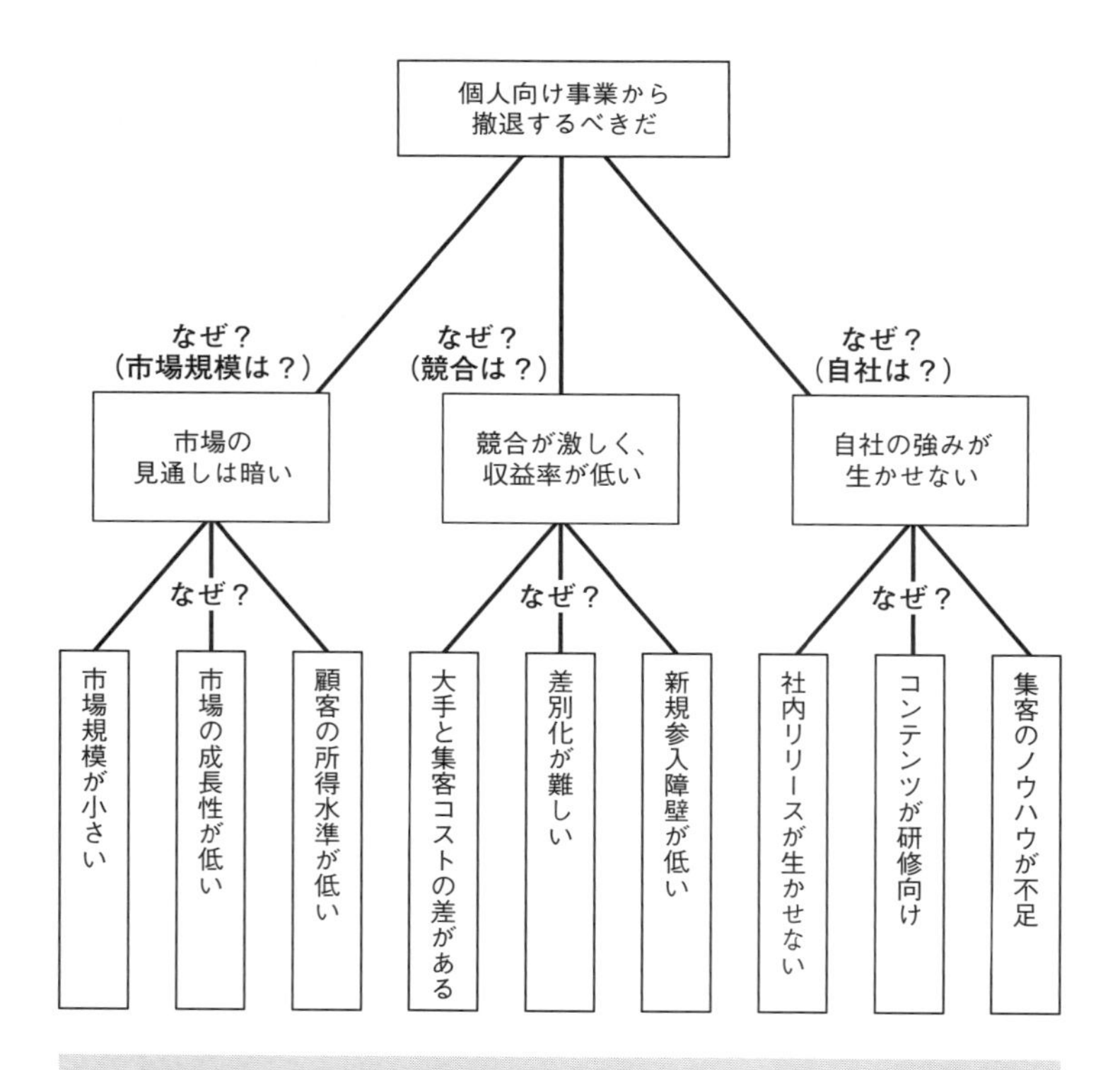

「読み手の立場になって疑問を立てること」「なぜは３回繰り返すこと」
「大項目、中項目、小項目とグループ分けすること」までできるのが理想。

能なデータがあれば記載します。

右記であげた項目について、

ステップ5　複雑化へと発展させます

読み手を想定してQ＆Aの応答をやってみます。

ステップ6　疑問と答えを再チェックします

▼プライベートなコミュニケーションでは気をつけて！

私はバーバラの理論をかなり単純化して活用しています。たとえば、上記の6つのステップを「読み手の立場になって疑問を立てること」「なぜは3回繰り返すこと」「大項目、中項目、小項目とグループ分けすること」というふうに、簡略化して使っています。いまでも習慣にしていることは、自分の考えやメッセージを分類（グループ分け）することです。分類することが癖になると、自分の頭のなかを整理することが簡単になりました。つまりは、思索するときに役立つスキルといえます。

ただ、手紙やメールなど、プライベートなコミュニケーションでこのスキルを使うと冷たい印象になることがあります。私も、ある程度打ち解けた間柄の人とのメールで、これを使ったところ「ビジネス文書のようだね」と指摘を受けたことがあります。注意が必要です。

▼『**新版　考える技術・書く技術**』**バーバラ・ミント**著　**グロービス・マネジメント・インスティテュート**監修　**山崎康司**訳（ダイヤモンド社）

マッキンゼー初の女性コンサルタントの手によるビジネス・ライティングの古典ともいえる書。プレゼンテーションや社内文書作成時の基本的な考え方から書き方まで徹底的に分析し解説を加えています。

09

図解術

外資系コンサルの資料作成術

論理的でわかりやすく、きちんと伝わる資料を作る

これができる！

- 資料に説得力が生まれる
- 複雑な問題を整理できる
- プレゼン力が上がる

▼図解術を身につけると役に立つ５つのこと

図解術を身につけると５つのことで役に立ちます。

１つはプレゼン資料を作成するときです。昨今はマイクロソフト社のおかげでプレゼンテーションといえばパワーポイントを使い、誰もが簡単に図を入れられるようになりました。その結果、図を多用する人が増えて、かえってわかりづらくなったのも事実です。

大学生がゼミで研究発表するときやビジネスパーソンがお得意先で企画提案するとき、社内の役員の前で業務改善の結果を報告するときなど、さまざまなシーンでパワーポイントが活用され、多くの場合、「伝わらないね」と酷評されるのです。

しかし、図解術を身につければ、より伝わるプレゼン資料が作れます。

2つ目は企画書を作るときです。企画書のなかにも図解をふんだんに入れれば、より伝わる企画書になります。

3つ目は、プレゼンテーションやセミナーで板書するときです。私自身、セミナーや勉強会でホワイトボードを使いますが、そのとき図解をまじえて説明するように心がけています。

4つ目は、子どもに勉強を教えるときです。子どもたちは、理屈や言葉よりも、図で説明したほうが理解しやすいみたいです。私も、子どもに勉強を教えるときは図を多用しています。

5つ目は、自分の頭を整理するときです。私の場合、自分で自分の頭のなかを整理する時間が案外多いようです。いらなくなったコピー用紙の裏などに、図解を書いていきながら自分の考えを整理していくと、スッキリして次の行動へと進みやすくなります。

▼図表を作成するための3つのステップ

経営コンサルティング会社マッキンゼーのビジュアル・コミュニケーション・ディレク

ターのジーン・ゼラズニーは著書『マッキンゼー流 図解の技術』のなかで、図表の作成方法をシンプルに３つのステップで解説しています。

ステップ１　メッセージを決める

プレゼンをするにしても、企画を提案するにしても、何よりもまず、主張しようとするポイントを明確にすることです。

ステップ２　比較方法を見極める

主張するメッセージが優れているかどうかは、他者と比較してはじめて証明されます。ですから、比較することが大切です。比較するには５つの基本比較法があります。コンポーネント比較法、アイテム比較法、時系列比較法、頻度分布比較法、相関比較法の５つです。そのうちのどの比較法を採用するかを決める必要があります。

ステップ３　チャートフォームを選択する

チャートフォームの基本形はわずか５つしかありません。パイチャート、バーチャート、コラムチャート、ラインチャート、ドットチャートです。この５つのチャートのなか

3-02 図 図解術

図表を作成するための３つのステップ

ステップ1 〉メッセージを決める

主張するポイントを明確にする

ステップ2 〉比較方法を見極める

比較するには５つの基本比較法がある。

コンポーネント比較法……全体に対するパーセンテージ
アイテム比較法……項目のランキング
時系列比較法……期間内の変化
頻度分布比較法……範囲内の項目
相関比較法……変数間の関係

ステップ3 〉チャートフォームを選択する

５つのチャートから選択する。

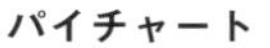

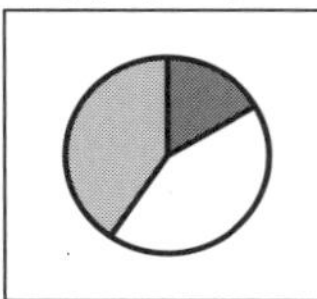

バーチャート

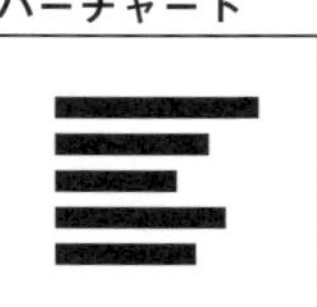

コラムチャート

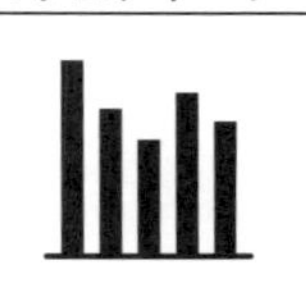

ラインチャート

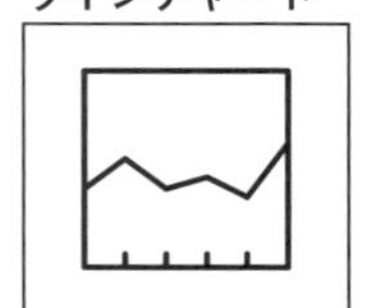

ドットチャート

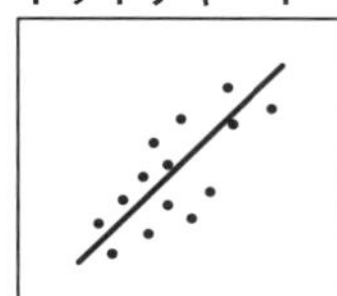

のどれを採用するかを決めて作成していきます。

▼伝わるプレゼンのための効果的な５つの比較法とは

①コンポーネント比較法

全体に対するパーセンテージを示す方法です。「A商品は総売上の最大のシェアを占めた」とか「当社の顧客のマーケットシェアは、業界売上の10％以下である」といった表現でメッセージを書く場合は、このコンポーネント比較法を用いているといっていいでしょう。

②アイテム比較法

アイテム（項目・商品・物事）の順位を比較するパターンです。「製品Aの売上が製品B、製品Cの売上高を超えた」などと表現します。

③時系列比較法

期間内でどう変化しているか、数週間、数か月、数四半期、数年間で、増加しているか、減少しているか、安定しているか、という点に注目している比較法です。

④頻度分布比較法

連続的な数値レンジ内にアイテムのなかのいくつが、該当するかということです。たとえば「3万ドル以下の年収を得る従業員は何人で、3万〜6万ドルの年収を得る従業員は何人いる」、または「10歳未満の人口は何人で、10〜20歳、20〜30歳はそれぞれ何人」という比較方法をいいます。

⑤相関比較法

2つの変数の関係が通常予測するパターンに従っているか、または従っていないかを示す比較法です。たとえば「利益は売上が増加すれば、それに比例して増加する」「ディスカウント額が増加すれば、売上高は増加すると予測される」といったことです。

▼5つのチャートと5つの比較法の気になる関係

パイチャートは、コンポーネント比較法を最適に表せる図です。いわゆる円グラフで表現します。多くのビジネスパーソンは独創的な図表を作ろうと意欲を燃やしますが、たいがい失敗します。ジーンは、「独創的なものよりも、伝統的なパイチャートを利用してほしい」と語っています。

バーチャートは、アイテム比較法と相関比較法に適しているようです。バーの長さで各項目を比較しやすくなります。

コラムチャートとラインチャートは、時系列比較法と頻度分布比較法に適した図です。ドットチャートは、相関比較法に適しています。

『マッキンゼー流 図解の技術』のなかには「こういうケースではどういう図解を描けばいいかをスケッチせよ」という演習問題があって、それに対する解答と解説もあります。これを読んでいると、まるでジーンの講義を受けてワークをやっているような感覚になります。

外資系コンサルティング会社にはプレゼン資料作りの専門家がいる！

以前、外資系コンサルティングファームのプレゼンを受けたことがあります。マッキンゼーもありました。そのとき、何よりもプレゼン資料の素晴らしい出来栄えに目を見張ったのを覚えています。

「これぞプレゼン資料だ！」と感動しました。

その後、外資系のコンサルティングファームには、ビジュアル・コミュニケーション・ディレクターという、資料作りを専業としている人が社内にいて、社員のプレゼン資料作成や図解を指導したり、作成を代行したりしていると聞いてさらに驚きました。その米国ディレクターのノウハウは、ぜひとも知りたい、絶対に学びたいと思ったものです。

図解が役立つのはプレゼン資料だけではありません。セミナーで板書するときにも使えますし、自分の考えを整理するときにも活用できます。このノウハウを用いて図解すれば、「伝わらないぞ」と酷評されたプレゼンが見違えるようになるでしょう。このノウハウは決して色あせないと思います。

▼**『マッキンゼー流 図解の技術』ジーン・ゼラズニー**著 **数江良一、菅野誠二、大崎朋子**訳（東洋経済新報社）
マッキンゼーのビジュアル・コミュニケーション・ディレクターの著者が解説したプレゼン資料を作るときの極意です。著者は図解のプレゼンテーションのエキスパートであり、ハーバード、スタンフォード、UCLAなどでも著者の講義は高く評価されています。

10

プレゼン術

TED式プレゼン法
聞く人の心を動かす話し方をする

これができる！

- 人前で話すのがうまくなる
- スピーチの表現力が上がる
- 聴衆の心を動かす

▼人前で話すことが楽しくなるノウハウ

私の会社では年間３００件以上の講座を開催しています。また、企業や各種学校にも講師を派遣しています。そんなわけで、日々たくさんの講師を見ています。当然人気のある講師とそうでない講師がいます。一般に人気のある講師は、話の中身以前に、聴衆の心を瞬時に掴むことが上手な人です。

それを可能とするのが単に「ＴＥＤ式」です。それは、世界的に有名なコミュニケーションコーチのカーマイン・ガロが『ＴＥＤ 驚異のプレゼン』のなかで紹介しているノウハウです。

セミナー講師の方からスピーチの方法について相談を受けることがありますが、そんなときにも、この「TED式」を勧めています。

「TED式」のプレゼンでは、人前で話すのが楽しくなりました。聴衆をハッとさせるような工夫を用意します。具体的には、音の出る道具を用意してみたり、砂漠の石を持っていったりです。

たとえば、TEDのステージでビル・ゲイツは会場を騒然とさせました。マラリアの予防接種についてプレゼンしたのですが、そのとき会場に蚊を飛ばしたのです。そのとき会場は大爆笑。同時にビルのプレゼンに釘付けになります。こんなちょっとした工夫でスピーチが楽しいものになるのです。

▼日本人こそ「TED式プレゼン法」を学ぶべき

残念なことに、日本人は学校でスピーチを学んでいません。高校や大学のディベートクラブや弁論部とかに入った人以外は、ほとんど身につけていないのが現状でしょう。だから、人前で話すのが苦手だという人があまりにも多いように思います。

社会に出ると案外人前で話す機会がたくさんあります。朝礼もそうですし、会議での発言もそうです。お得意先での商談もあるでしょう。

下手なスピーチを聞くと眠くなります。商品説明会などで会場が暗くなりパワーポイントがスクリーンに映し出されます。そのパワーポイントには小さな文字がいっぱい。後列の人にはとうてい見えない大きさだったりします。そんなスピーチをしているようだと、聴衆の心はつかめませんし、商品の良さを伝えることはできないでしょう。

ＴＥＤ式のプレゼン法は、ビジネスパーソンなら絶対に身につけておくべきスキルです。

▼聴衆の心を動かす３つのコツ

人の心を動かすコツは３つあります。

１つは、感情に訴えることです。傑出したコミュニケーターは、聴衆のアタマに訴え、ハートに触れるものです。しかし、プレゼンする人のほとんどが「ハート」の部分を忘れがちです。ビル・ゲイツが蚊の大群を放つことで聴衆を釘付けにできたのは、それが衝撃的で、予想外で、目新しい体験だったからです。脳科学ではこれを「感情体験」と呼びます。感情体験が効果的なのは、私たちの脳がそれに反応するようにできているからです。

２つ目は、目新しさを出すことです。聴衆がはじめて聞くような情報を提供することです。これまでとは違う切り口や、以前からある問題への目新しい解決法を提供しましょう。人間の脳は目新しいものが大好きです。なじみのない、あるいは、予想外の要素をスピーチに盛り込めば、聴衆を引き込み、その固定観念を打ち砕いて世界の見方を変えることができます。

３つ目は、記憶に残すことです。五感を刺激することで記憶に残るプレゼンができます。視覚、聴覚、触覚、味覚、嗅覚のうち、複数に働きかける要素を盛り込んでみましょう。脳は多感覚を併用する経験が大好きです。五感を刺激する要素をプレゼンに入れると、聴衆はきっと夢中になってあなたのスピーチを聞くことでしょう。

▼セミナーで活用しているＴＥＤの18分ルール

ＴＥＤには「18分ルール」というのがあります。ＴＥＤのプレゼンテーションは18分を超えてはならないのです。このルールはスピーカーに例外なく適用されます。

18分というのは、実はプレゼンテーションには理想的な長さなのです。なぜ理想的かというと、認知学者の研究によって明らかになった「認知的バックログ」の存在を前提にしているからです。脳に送り込む情報があまりに多いと処理が遅れ、アイデアがうまく伝わらなくなるのです。

ですから、18分以上になるセミナーでは、私は、10分ごとに区切って話すようにしています。90分の講義だと、10分ごとにテーマを変え、９つの話題を話すわけです。

私はスピーチする際、原稿を作りません。代わりにこの９つの話題をメモに箇条書きにしておくようにしています。

子どもと語るときも活用しているストーリーの技術

ストーリーで語ることも大事です。ＴＥＤ史上最も長いスタンディング・オベーションを受けたブライアン・スティーブンソンは、プレゼンテーションの65%をストーリーテリング（物語を語ること）にあてました。

デール・カーネギーは、ストーリーには聴衆の心を動かす力があると考えていました。「この世界の素晴らしい真実は、往々にして魅力的なストーリーの形で伝えられる」と書いています。

ストーリーで語るときにはいくつかの技術があります。「個人的なストーリーを語ること」「第三者のストーリーを語ること」「成功ストーリーを語ること」「応援したくなるキャラクターを作ること」「ヒーローと悪者を作ること」などなど。

こうしたストーリーの技術をマスターするとプレゼンだけでなく、マンツーマンのコミュニケーションにも役立ちます。私は子どもとの会話に活用しています。子どもはお説教は嫌いですが、物語は大好きです。

おとぎ話が生まれたのも、教訓を物語にすれば子どもたちが聞いてくれると気づいたからではないでしょうか。

お父さんの考え方や子どものころの経験を、ストーリー仕立てで語れば、子どもたちも聞いてくれます。

▼『TED 驚異のプレゼン』カーマイン・ガロ著　土方奈美訳（日経BP社）

国際的なベストセラーとなった『スティーブ・ジョブズ　驚異のプレゼン』の著者がTEDのスピーカーたちを科学的に徹底分析して記憶に残るプレゼンの秘訣を解き明かした書です。人を惹きつけ、心を動かすスピーチをするためのノウハウが詰まっています。

11

数字力／会計

帳簿の「つながり」だけに着目し財務3表を読み解く

財務3表一体理解法

これができる！

- 会計に強くなる
- 数字に強くなる
- 決算書がさらっと読める

▼数字に強いビジネスパーソンになるには

ビジネスパーソンの３種の神器は「英語」「会計」「ＩＴ」だと私は思います。なかでも会計は大事です。すべての企業は会計と無縁ではいられないのですから。

会計はビジネスパーソンには必須のスキルではないでしょうか。数字に強い人と、数字にいい加減な人、どちらが信用されるか、考えなくてもわかりますよね。

数字がちゃんと見られるようになると世の中の見方が変わります。たとえば、マイホームを買うときを考えてみてください。銀行で住宅ローンを組むわけですが、10年とか20年とか、長い期間の返済計画を立てます。ローンを組んだときは定期的に決まった金額の給料が手に入っていても、20年後はそれがどう変わるかわかりません。金利も変動するでしょうし、物価だって上昇するかもしれないのです。そうした要素を一つひとつ数字に落とし込んでみて、その返済計画が妥当かどうかを考えれば、無理なく住宅を購入できます。数字に強ければ、不動産会社の口車に乗って契約してしまうこともないでしょう。

自分の資産がいくらあるのか、いくら投資に使えるのか数字で把握できていれば何も怖くありません。そうすれば、マイホームを購入するべきなのか、お小遣いをどれだけもらってもいいのか、パートナーを説得することもできます。

▼ビジネスの共通言語は数字！

ビジネスでの共通言語は数字です。提案書に書かれている金額やコストなど数字が決め手になります。会社の活動状況も決算書に数字となって現れます。ビジネスの世界では数字の意味が理解できなければコミュニケーションがうまく図れません。そういう意味では、英語を習うよりも数字のほうが大事だといえるでしょう。

すべてのビジネスパーソンは数字に強くなるべきです。特に、**「損益計算書（PL）」「貸借対照表（BS）」「キャッシュフロー計算書（CS）」**の基本的な財務3表を読めるようになっておくことをおススメします。経理担当になるなら簿記や仕分けをちゃんと学ぶ必要がありますが、そうでない人でもせめて会計の本質は理解できるようになっておくべきです。

私はアメリカで働いていたことがあります。そこで出会うアメリカのビジネスパーソンの多くは会計の数字をちゃんと理解して会話していました。話についていけない自分が恥ずかしくて、帰国してから会計に関する本を片っ端から買って読みました。そのなかで一番役に立ったのが國貞克則さんの『決算書がスラスラわかる財務3表一体理解法』です。

▼財務３表はすべてつながっている

ＰＬ、ＢＳ、ＣＳを独立した3種類の表だととらえるのではなく、それぞれの表のつながりを理解することで、会社のお金の流れがよりわかりやすくなります。たとえば「事務用品5万円分を現金で購入すれば、ＢＳの左側の『現金』が5万円減り、ＰＬの『費用』が増え『利益』が減る。そして、その結果、ＢＳの『純資産』が減ることになる。現金がどのように動いたかを知りたければＣＳを見ればいい」。この流れを押さえておけば会社の実態が見えてきます。

事業活動は大きく3つに分けることができます。「お金を集める」「投資する」「利益をあげる」の3つです。

「お金を集める」という数字はBSの「負債の部」と「純資産の部」に現れます。

「投資する」という数字はBSの「資産の部」に出てきます。

「利益をあげる」という数字はPLを見ればわかります。

この3つの活動で現金がどのように動いたかがわかる表がCSです。

つまり、この3表はそれぞれ「つながっている」のです。このことがわかれば、簿記ができなくても、数字に強くなれます。

▼企業の決算書を読み解くポイント

企業が公開している決算書がスラスラと読み解けたらいいですよね。企業の決算書が読めると、株式投資や不動産投資にも積極的になれます。たとえば、企業の「成長性」を見るにはPLの数字の期間比較をすれば簡単に確認することができます。さらに、PLには「売上総利益」「営業利益」「経常利益」「税引前当期純利益」「当期純利益」と5つの利益があります。

3-03 図 財務3表一体理解法

財務３表はすべてつながっている

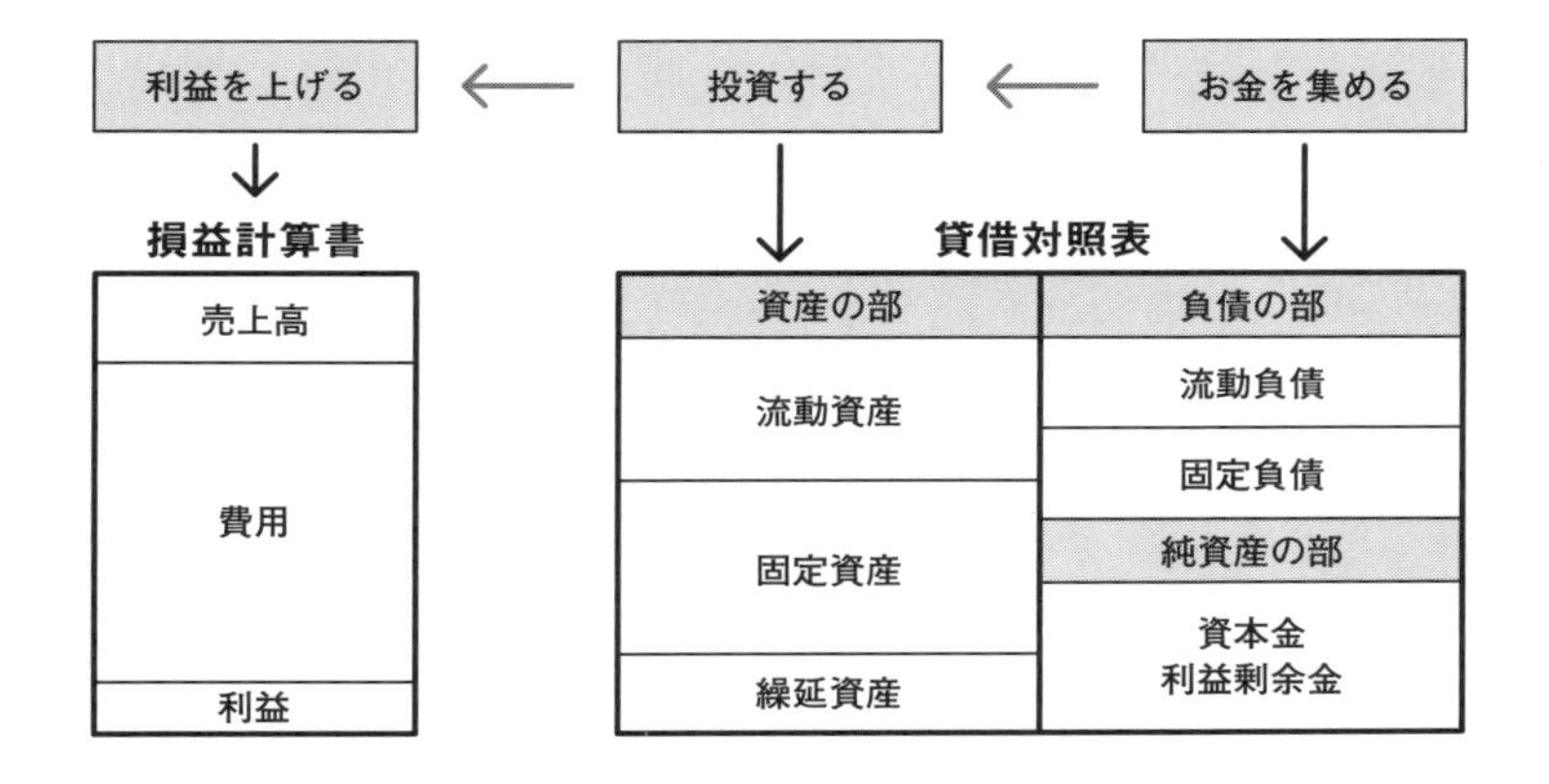

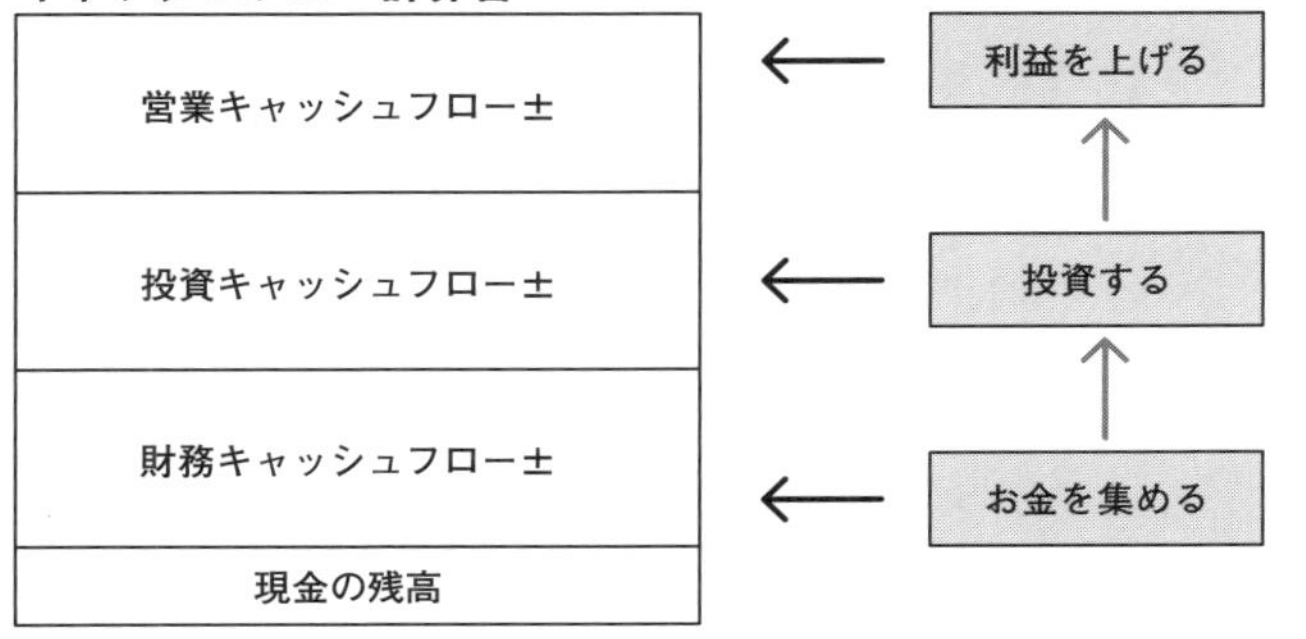

この３表がそれぞれつながっていることがわかれば、簿記ができなくても、数字に強くなれる。

『決算書がスラスラわかる財務３表一体理解法』より引用

たとえば、売上高に対して粗利がどれだけ出ているかを示す「売上高粗利率」が高い会社は「強い商品」を持っているということがわかりますし、「売上高経常利益率」「総資本経常利益率」「ＲＯＡ（総資本利益率）」「ＲＯＥ（自己資本利益率）」が高い会社は「収益性」が高いといえます。

また、企業の「安定性」はＢＳを見ればわかります。ＢＳは「経営者の成績表」と言われる通り、毎期利益をあげて堅実な経営をしているか、自己資本が充実して自己資本比率がよくなっているかが現れているのです。

財務３表一体理解法でビジネスの本質が理解できるようになった

正直、私は、サラリーマン時代、「黒字の会社が倒産する」ということや、赤字が何年も続いているのに倒産しない会社があることもさっぱり理解できませんでした。

しかし、会計を学ぶことでそれがわかりました。ビジネスの本質が理解できたといってもいいでしょう。サラリーマン時代は会社の決算書も他人事でしたが、会社を経営するようになると自分事になります。決算書の数字が何を意味しているのかが、３表を一体化して理解することで、自分の腹に落ちてきます。この理解はビジネスをしていくうえで、きわめて重要です。

経営者とサラリーマンの大きな違いが、会計を理解しているかどうかです。ですから、「財務３表一体理解法」は、起業する人にとっては必須ですし、サラリーマンであっても学ぶことでライバルと差がつけられると思います。

決算書がちゃんと読めるビジネスパーソンは信用されます。数字に強い人だと思われますし、デキる人だと評価されるでしょう。何より、決算書が読めれば、さまざまな嘘が見抜けるようになります。相手が口でいくらいいことを言っても、「決算書の数字はこう言っていますよ」と反論できますから。

ぜひ、数字に強いビジネスパーソンになってください。

▼『決算書がスラスラわかる財務３表一体理解法』國貞克則著（朝日新聞出版）

財務３表を一体にして理解すれば会社の仕組みがわかると気づいた著者は、独自の学習法を顧問先の経営陣だけでなく日経ビジネススクールやアカデミーヒルズなどで教えています。本書を読めば会計の専門家と話しても怖気づくことはないと著者は太鼓判を押します。

交渉術

12

三方よし交渉術
敗者を作らず、ウィンウィンの結果を得る

これができる！

- 交渉に強くなる
- 提案力が上がる
- 満足な解決策を導ける

▼原則立脚型で交渉すると全員が満足

ビジネス上の契約や家庭内のもめごと、近隣とのトラブル、果ては国家間の和平協定に至るまで、多くの人は交渉を駆け引きだと思っています。それぞれの立場で正当性を主張しどちらが正しいかをジャッジし、多少譲歩することで妥結するのです。

そういう駆け引きの交渉には限界があります。自分の立場に固執すると双方の合意はどんどん遠のいていくからです。しかも、相手のなかに敵意を芽生えさせて交渉が終わるということもしばしば起きてくるのが駆け引き型の交渉です。

一方で、三方よしの交渉術を心がけると、すべての人が満足します。三方よしとは、

「売り手よし」「買い手よし」「世間よし」のこと。売り手と買い手がともに満足し、さらに社会貢献もできるというのが最上の交渉といえるのです。

原則立脚型の交渉をすれば、この「三方よし」が実現できます。

▼アメリカ人の交渉術はイメージとはまったく違う

アメリカ人はハードな交渉をしてくるというイメージがあります。勝つか負けるか、２つに１つというハードな感じを受けるのです。アメリカは契約社会ですし、裁判の多い国ですから、交渉が日常茶飯事であることは間違いありません。ビジネスの世界を描いたテレビドラマや法廷映画などを見ると、交渉の場ではタフネゴシエーターがどこまでも諦めずに交渉を続けたり、奇想天外なアイデアでトラブルを解決したりと、交渉上手なイメージがあります。サラリーマン時代、アメリカに転勤になり、現場の交渉の場に立ち会ってみて、アメリカ式の交渉術をしっかりと学ばなければと思ったものです。

しかし、実際に学んでみると、イメージしたものとはかけ離れていました。お互いの立場を主張する駆け引き型の交渉ではなく、「原則立脚型」の交渉術こそが最上の方法だとされているのです。相手にも満足を与えることができるからです。まさに三方よしの交渉術だといえます。

▼4つの基本原則に立った「原則立脚型交渉術」

「原則立脚型交渉術」は次の4つの原則からなっています。

第1の原則　人と問題を分離する

立場を主張し合うと、その立場とエゴが一体化して、交渉が一層もつれてしまうことがあります。ですから、交渉に入る前に人を問題から解き放ち、両者を分離して考えることが大事になります。つまり、交渉の参加者は、お互いが敵味方に分かれて攻めるのではなく、一緒に問題を攻めるという見方ができるようにすることなのです。

第2の原則　立場ではなく利害に焦点を合わせる

交渉の場に入ったら、お互いの立場はいったん忘れてしまいましょう。大事なのは、本当は何を欲しているのかです。そこに焦点を合わせるということを忘れてはいけません。

第3の原則　行動について決定する前に多くの可能性を考え出す

正しい解決策は1つしかないと思うのではなく、双方に有利な選択肢を考え出すことです。

第４の原則　結果はあくまでも客観的基準によるべきことを強調する

どちらか一方が選び出した基準で決定されるのでは不公正さが残ります。あくまでも市場、専門家の意見、慣習、法律といった公平な基準によって結論を出すことです。

▼ビジネスでもプライベートでもよくある交渉事

交渉はゼロサムゲームだと思いがちです。交渉を相手との奪い合いと考えると結局うまくいかないし、時間もかかります。たとえば、ある姉妹が一個のオレンジをめぐって喧嘩しているとしましょう。普通に考えると半分に分けて双方に与えれば解決するだろうと思うかもしれません。しかし、それでは双方の利害が一致しないことで、よけいにもめてしまうことがあります。

「姉のほうが多くをもらう権利がある」

「いやいや、お姉さんだからといってそんな権利はない」

と、どちらも譲りません。

原則立脚型交渉術によると、まずは人と問題を分離させます。次に双方の利害に焦点を合わせます。この姉妹が本当に欲しているものは何でしょうか？　それを聞いてみると意外なことがわかりました。

姉はオレンジの中身が欲しかった、妹はケーキを作るために皮が欲しかったのです。冷静にお互いの利害を調べてみたことで、喧嘩は難なく解決したのです。こういうことは普通の交渉でもよくあることなのです。

このケースでは当事者が異なるものを望んでいたことが合意成立の糸口になりました。一般に両当事者間の相違が問題を発生させるものと思われていますが、実際は相違が解決へ導くこともあるのです。

▼誰もが満足する解決策を考える

2人の子どもが1つのケーキを分けるのに古くから使われている方法があります。1人が切って、もう1人が選ぶという方法です。この方法ならば、どちらも不平を言うことができません。

この単純な方法が応用された事例があります。国際連合海洋法会議でのことです。協定案の条項では、採掘区の半分は民間企業が、残りの半分は国連所属予定の採掘公団が採掘することになっていました。

深海底で採掘場所をどのように割り当てるかという交渉になると、豊かな国の企業は良い採掘区を選ぶ技術と専門知識を持っているので、採掘公団は損な取引をするのではないかと貧しい国々は心配しました。

そこで編み出された解決策は、海底を採掘しようとする企業が、採掘公団に対して採掘区を2か所申請させることだったのです。採掘公団はいずれか一方を直営の採掘区に選び、申請企業には他方の使用を認めます。企業はどちらの鉱区を使えることになるかわからないので、2か所ともできるだけ有望な地点を公団に申請せざるを得なくなりました。この単純な手続きによって、すべての関係者の利益のために企業の優れた専門技術を活用することができたのです。

こうした交渉術を学ぶうちに、私のなかにパラダイムシフトが起きてきました。どちらが勝つとか負けるとかではありません。双方が満足する解決策を考えることが大事なんだということです。

▼原則立脚型交渉術を多くの人が学んでほしい

この交渉術は、プライベートでも十分に役立ちます。交通事故や隣人とのトラブル、町内会のミーティング、家庭では奥さんと夕食を何にするのか、次の旅行先はどこにするのか、子どもと寝る時間について、家の手伝いについて、人間関係を維持しながら建設的な問題解決ができます。

交渉は駆け引きではありません。相手は敵対者ではないのです。問題の相互解決者であり、同じ目的を持った同志なのです。デキる人は、交渉をそんなふうにとらえています。相手から奪うことばかり考えていると、そのときは成功しても、繁栄は長く続きません。ビジネスでもプライベートでも、『ハーバード流交渉術』の根幹である原則立脚型交渉術を多くの人が学んでほしいものです。

▼**『ハーバード流交渉術』ロジャー・フィッシャー、ウィリアム・ユーリー**著 **金山宣夫、浅井和子**訳（三笠書房）

ハーバード大学交渉学研究所の研究成果に基づいて書かれた本です。本書で紹介された理論は、実際に中東和平交渉やイランアメリカ大使館人質奪還作戦など、外交交渉の大舞台で適用されたもので広く職業人の応用するところとなり、学生の修得コースにもなっています。

第4章

重要なことに集中する自己管理法

自己管理法

13

選択と集中

優先順位を見極める80対20の法則

最小の労力で最大の成果をあげる

これができる!

- 優先順位がはっきりする
- 無駄な努力をしなくなる
- 力を入れる分野がわかる

▼少ない努力で大きな成果を出すスキル

学生時代を思い返すと、成績のいい人はガリ勉タイプではなかったのではないでしょうか?　いつも涼しい顔をしてゴーイングマイウェイを気取っていながら、いざ試験になるといい点をとるのです。友だちともちゃんと遊んでいるし、趣味の時間もとっています。どうしたら、あんなふうになれるのだろうと不思議に思ったものです。

社会人になって私は営業に配属されました。営業成績がダントツにいい先輩ほど、営業活動以外のことに時間を使っていたのです。部下の面倒見もよかったですし、飲み会の幹事など面倒な仕事も快く引き受けていることに気づきました。彼らはプライベートも充実していたように思います。

一方、なりふり構わず駆けずりまわっている営業マンほど、むしろ成績は悪いようでした。のべつまくなしに、がむしゃらにやるのは効率がきわめて悪いものです。まじめな営業マンは、上司に言われた通り、１軒ずつノックして回るでしょう。「下手な鉄砲、数打ちゃ当たる方式」で労力を消耗し精神的にも痛手を負うのです。優秀な営業マンは、適当に手を抜いて、どこに見込み客がいるかをじっくりと観察し、そのうえでやっと1回目のノックをします。要領よく動くほうが成果をあげているのです。

仕事では努力はさほど評価されません。求められているのは結果だからです。より少ない努力でより大きな成果をあげるほうが競争社会では、高い評価が得られるのです。そのために身につけておきたいのがこのスキルです。

▼パレートの法則はあらゆることに適用できる

「80対20の法則」をビジネスや生活全般に生かす方法をリチャード・コッチがわかりやすく解説してくれています（『人生を変える80対20の法則』）。この法則が発見されたのは１８９７年という昔の話です。イタリアの経済学者ヴィルフレード・パレートが19世紀のイギリスにおける「所得と資産」の分布を調査したところ、その80％がわずか20％の人々に集中していることを発見しました。発見者の名前をとって**「パレートの法則」**と呼ばれることもあります。

この法則は時代を問わず、国を問わず、一貫して繰り返し現れることが明らかになりました。その後、学者たちの研究により、この法則は富だけでなくＧＤＰや犯罪や事故など、あらゆることに適用できることがわかりました。もちろんビジネスにも有効でした。

▼「80対20の法則」を活用して競争力をつけた日本

当初、アメリカ産業界では、この法則は無視されました。代わりにこれを熱烈に歓迎したのが日本です。

ジョセフ・モーゼス・ジュランとＷ・エドワーズ・デミングは、アメリカの大企業が品質の追求にほとんど関心を持っていないことに失望し、１９５０年代前半に日本にわたりました。戦後間もない頃、日本製品といえば「安かろう悪かろう」が常識だったのです。そんな日本に品質革命を起こしたのがこの２人と、２人に薫陶を受けた人たちでした。

ジュランは80対20の法則の伝道師のように現場で熱心に教えていきます。品質欠陥の原因となる問題を探し出し、それを重要性が高い順にランクづけしました。大半の欠陥の原因となる問題点は実はわずかであり、それを見つけ出すように勧めます。つまり、一度にすべての問題に取り組むのではなく、欠陥品の原因となる「ごく少数の決定的に重要な」問題を見つけ出し、その問題の解決に全力をあげるというものです。日本企業はこの法則を生かして大いに品質改善していきます。おかげで日本企業は１９７０年代、アメリカ企業の脅威となるほどの競争力を手に入れました。

８割の欠陥品は２割の原因によるというわけですが、ここでは数字はあまり重要ではありません。要は優先順位です。原因となる問題を見つけて、それを片っ端から解決するという方法は効率が悪くなります。優先順位の高い原因を見つけて、そこに集中して取り組むほうが効率がいいわけです。

「物事には不均衡がある」と知ること

１９６３年の話です。ＩＢＭは、コンピュータを使う時間の約80％が、全機能の約20％に集中していることに気づきます。そこでただちに、頻繁に使われる20％の機能が、ユーザーにとって使いやすくなるようにＯＳを書き換えたのです。そのおかげで、ＩＢＭのコンピュータの性能が最も高くなり、最も高速になりました。

出版界では売上の８割を、約２割の本が占めています。２割のベストセラーがダントツで売れていて、あとは少部数しか売れない本がずらりと並んでいるわけです。売上の８割を占めているのは２割の商品です。

大事なのは「物事には不均衡がある」と知ることです。世の中には膨大な無駄があります。しかし、ほとんどの人がそのことを理解していません。誰もが努力に比例して成果が手に入ると思っています。その結果、無駄な努力を誰よりも多くしようとして極限まで疲労を我慢しストレスを抱えてしまうのです。まずは、何も考えず、頑張れば何とかなるだろうという姿勢をやめることです。

▼ビジネスに役立つ３つの教訓

80対20の法則はビジネスのあらゆる局面で使えます。８割の売上に貢献しているのは２割の顧客ですから、その２割の顧客リストを作成して、そこを手厚くフォローすればいいのです。ダイレクトメールを送るときも、その２割のお客様を中心に送るべきですし、割引サービスやイベント招待なども、この顧客を優遇するほうが効率はよくなります。

ビジネスにおいて、この法則から得られる教訓をリチャード・コッチは3つあげています。

①成功している企業は、最小限の努力で最大限の収益を上げられる市場で事業を行っている。

②最大の黒字をあげている市場分野や顧客グループに的を絞れば、業績を伸ばすことが可能である。

③社内の不均衡を解消することで黒字を増やすことができる。最高の黒字を出している会社の部分（人、工場、営業所、部門など）をみつけ、それを強化し、権限と資源をもっと与えれば、それができる。

▼受験勉強する前にまず調べること

重要なことは、何かに取り組むとき、全体の8割に影響を与えているのは何かを考えることです。何も考えずに、とにかくのべつまくなしに行動するというのは、もうやめたほうがいいでしょう。

たとえば、受験勉強するなら、まずやるべきことはいきなり勉強を始めることではなく、実際の試験を調べることです。多くの試験では、問題の80％は20％の知識があれば解けるものです。その20％が何かを調べることが先決です。実際に合格した人から、どのような勉強をしたのかを聞いてみるとか、過去問を調べるとかしてから始めれば無駄なく少ない努力で、合格という成果を得ることができます。「動く前にまずは調べる」ということを肝に銘じておくことです。

こういう動きができるようになれば、ビジネスでもプライベートでも成功する確率は高くなるだけでなく、時間も短縮できます。

▼人生全般に活用できる80対20の法則

この法則は人生全般に活用できます。行動をひとまず忘れ、静かに考え、心の闇のなかに光を見出し、それから行動を起こすのです。徹底的に分析し、一番大切なものに的を絞り、すべてのエネルギーと資源をそこにつぎ込みます。それが80対20思考です。

幸福の80％は、20％の時間のなかで起こります。もっと努力しようと思うよりも、好きなことに力を集中したほうが勝つ確率は高くなります。敗北の大半は、他人から強制されて参加したレースで起こるのです。人生においても、自分で望んだ道を行くほうが成功する確率は高くなります。

友人の選択も同様です。友人の数は多いけど、親友と呼べる人は1人もいないという人はけっこう多いと思います。80対20の考え方ができる人は、数少ない友人を慎重に選び、堅い友情を結んでいる人なのです。

▼『**新版　人生を変える80対20の法則**』**リチャード・コッチ**著　**仁平和夫、高遠裕子**訳（CCCメディアハウス）
最小限の努力で最大限の成果があげられるというスキルをわかりやすく解説してくれた本です。ビジネスだけでなく、スポーツやプライベート、生活面でも「80対20の法則」がどう役立つのかを教えてくれます。

時間管理術

14

自分の価値観に沿って人生をコントロールする

人生を豊かにする時間投資法

これができる！

- 人生をコントロールできる
- 時間がないと言わなくなる
- 心のやすらぎを得られる

▼「時間がない」と言い訳する人のためのスキル

「夢を叶えるために、何かやっていることはありますか?」と聞かれたら、堂々と「これを毎日欠かさずやっています」と答えられる人は少ないのではないでしょうか。そして、その言い訳として最も多いのが「時間がない」というものです。でも本当に「時間がない」のでしょうか?

それ以前に、「時間」について、考えたことがあるでしょうか?「時間」とはいったい何でしょう? 「時間がない」という言い訳をしている人たちは、自分の時間は自分でコントロールできないものだと思い込んでいるのです。諦めていると言い換えてもいいでしょう。

講演家で作家のハイラム・W・スミスは「あなたは時間をコントロールできる」と断言します（『TQ』）。本書は、時間に関する多くの気づきを与えてくれました。

私は社会人になったばかりのころ、上司や先輩に言われるままに突っ走っていました。やらなきゃいけない作業は次々とやります。いつ終わるのかわからない、仕事をどんどんこなしていくうちに、ちょっと変だぞと思うようになりました。効率よく仕事を処理しても、さらに仕事を振られるだけだということに気づいたのです。

以来、私は未来につながるようなことに時間を投資しようと思いました。私たちはどうしても目の前の仕事にばかり目がいってしまい、長期的な利益を後回しにしてしまう傾向があります。時間をコントロールして、将来のための時間を作るのだと、私は決意しました。

▼出来事をコントロールするという考え方を受け入れる

ハイラムは「時間とは出来事のことである」と定義しています。「時間とは、出来事が過去から現在、未来へと続いていく連続体である」と辞書（英語版のウェヴスター辞典）

にあるように、時間を計る基本的な単位は出来事なのです。

つまり、時間をコントロールするということは、人生のなかの出来事をコントロールするということになります。そこでハイラムは「コントロールできる出来事」と「コントロールできない出来事」を分けて対処しなさいと言っています。

世の中にはコントロールできないことがいっぱいあります。たとえば、「日の出の時間」「台風や雨などの気象」「死ぬこと」「株式市場」などです。反対にコントロールできることもあります。「起床時間」「食事」「服装」「健康管理」などです。

時間をコントロールするという考え方を捨てて、出来事をコントロールするという考え方を受け入れることです。

▼自分が出社する時間は自分でコントロールできる

私たちは思い込みという鎖につながれています。たとえば、コントロールできない出来事なのに、できると信じていることがたくさんあります。天候のことで不平を言って時間を無駄にしてしまったり、妻や子どもや部下をコントロールするという実りのない努力をしたりします。

逆にコントロールできる出来事なのに、できないと信じてしまうこともあります。たとえば、出社時間は自分ではコントロールできないと思い込んでいます。しかし、実はできるのです。たしかに、９時出勤という会社の規則は変えることはできませんが、自分が出社する時間は自由に自分で決められます。

実際、私は会社員時代、始業時間の2時間前に出社していました。電車は空いているし、余裕を持って歩いていけるし、いいことだらけでした。好きな読書もたっぷりできますし、この時間を使って将来の夢の準備もできます。ハイラムの考え方がそのことを気づかせてくれました。

大事な用事を先にスケジュール帳に書き込んでおく

友人や上司に飲みに誘われたとき、あまり気乗りしないのに、時間が空いているからという理由で付き合うことがあります。この時間は無駄になる可能性大です。もっと重要な未来のために使える時間かもしれませんし、健康管理のため、家族のために使えるかもしれません。自分にとって大事な用事があることに気付いていれば、断るはずなのです。それをしないのは、自分にとって「何が一番大事なことなのか」を、明確に把握できていないないからです。

だから、最初にやるべきことは、「自分にとって、何が重要なのか」を一度棚卸しておくことです。まずは、次の2つの質問を自分に投げかけてみましょう。

①人生のなかであなたが大切に思っているものは、何ですか？

②そのなかであなたが最も価値を置いているものはどれですか？

自分にとって重要なことが明確になったら、それをスケジュールに入れておきます。そこには、「休息を取る」とか「読書をする」とか「子どもと話す」など、普通は、スケジュール帳に書かないようなことも書いておきます。これらの予定でスケジュール帳がうまっていれば、気乗りしない誘いがあっても、スケジュール帳をペラペラとめくって「あ、ごめんなさい。先約がありました」と言って断ることが可能になります。

▼自分の価値観通りに日々行動する

大事な用事かどうかは、その人の価値観に左右されます。ですから、まず自分の価値観を知る必要があります。

以前、10人くらいの経営者が集まって勉強会をしたことがあります。その冒頭で、「過去一か月にやったこと」「これから一か月でやりたいこと」をそれぞれ発表してもらうのですが、ほとんどの人が仕事のことばかり話すのです。大事なことは仕事ばかりで、自分の健康や家族のことは、何も話せない人がほとんどでした。それでは幸せな人生とはいえないでしょう。

私は妻や子どもの予定も、スケジュール帳に書いています、運動会などの学校行事は、一年くらい先まで決まっていますので、それも書き込んでいます。講演会の依頼がその日に来た場合は、講演会を断るようにしています。それは、講演会よりも、子どもの運動会に価値を置いているからです。子どもの成長は止まりません。可愛い時期は今しかありません。しかも、子供が親を必要とする時期に親がいないというのは、子どもの将来を考えるとマズいことになるかもしれません。私にとっては、講演会の仕事よりも、子どもの運動会に参加することのほうが、今は大事なのです。

ハイラムらが実施した価値観に関する調査の結果「人生で最も大切なもののベスト10」は次のようなものでした。

① 夫または妻
② 経済的な安定
③ 健康と体力増進
④ 子どもと家族
⑤ 神／宗教
⑥ 達成感
⑦ 正直／誠実
⑧ 職業上の満足感
⑨ 人々への愛／奉仕
⑩ 教育

日々の行動が、こうした価値観を反映しているとき、人々は「心の安らぎ」を経験します。大切なものを犠牲にしてはいけません。人生を後悔しないために、自分の価値観と正面から向き合ってじっくりと考える時間をもつことです。

短期的な利益は長い目で見ると破滅

人間の意志は弱いものです。どうしても、短期的な利益を求めてしまい、破滅の道を選んでしまいます。たとえば、喫煙は短期的にはリラックスできて香りを楽しむことができますが、度が過ぎると中毒になり健康を害するはめに陥ります。

健康のためにダイエットしようと決意しても、つい食べてしまうということがあります。これは私たちの内側で相反する思いが葛藤しているからです。たとえば、ダイエットの場合ならば「健康のためにカロリーの高いものは食事制限しよう」という思いと「好きなものを好きなだけ食べることが幸せだ」という思いが対立しています。この場合、どちらかの思いを修正しなければ、大きなストレスになってしまうでしょう。

ダイエットが思うように続かなかったら、まずそのときの「行動パターン」を調べてみることです。そして、その行動を生み出している「思い」を見つけます。その「思い」によって生まれる「将来の姿」を予測してみましょう。長い目で見ることがポイントになります。そして、もっと良い結果を生み出す「新しい思い」を明確に書き出してみてください。その「新しい思い」によって生まれる「将来の望ましい姿」を予測して、健康になっている自分を想像してみましょう。

「短期的に利益をもたらすような行動は、長い目で見ると破滅をもたらす」ということはよくあるものです。このことを肝に銘じておくことです。

▼3つのステップで日課を考える

毎日やるべき日課を考えるとき、次の3つのステップをおススメします。

ステップ1 **今日達成すべきこと、やりたいことをリストアップする**

仕事だけでなく、家庭のこと、地域社会のこと、緊急でないことも含めてリストアップします。

ステップ2 **各項目の価値を判断する**

ステップ1で列挙した項目をＡＢＣ分析します。Ａは「何が何でも達成しなければいけないこと」、Ｂは「今日達成したほうがいいこと」、Ｃは「できれば達成したいこと」です。

ステップ3 **それぞれの項目に番号をつける**

Ａ、Ｂ、Ｃ、それぞれのなかに優先順位を数字で表してみます。Ａ－1、Ａ－2という具合です。

4-01図 時間管理術

３つのステップで日課を考える

A―1	企画書の不備を社員に伝える
A―2	契約書の内容をチェックして回答する
A―3	社員研修の資料を作る
B―3	取材原稿の校正をする
B―1	書籍の企画を考える
C―1	いただいた本を読む
C―2	献本のお礼を書く
A―5	決算の資料を作る
B―2	税理士と打ち合わせのアポイントをとる
A―4	社員の作ったマーケティング文章を手直しする
A―7	メールマガジンの原稿を書き、配信する
C―3	出張経費の精算をする
C―4	通帳を記帳する
A―6	家族旅行の飛行機とホテルを予約する
A―8	子どもの学費を支払う
B―4	ペットを病院に連れていく
C―5	金魚の水槽を洗う
B―6	健康診断の予約をする
B―5	ゴルフの件で林氏にメールする
C―6	ゴルフの練習に行く
A―9	ワイン会の会場を予約する
C―8	週末に飲むワインを買う
C―7	新聞広告で見た本を書店でチェックする

「夢を叶えるために今何をすればいいのか」が明確に見えてくる。それが、人生を豊かに幸せにすることにつながる。

最後に、それらをいつやるのかを決め、スケジュール帳に割り振っていきます。

こうした作業を定期的に実施していけば「今何をすればいいのか」が明確に見えてきます。その結果、人生を豊かに幸せにすることができるのです。

▼**『TQ』ハイラム・W・スミス**著　**黄木信、ジェームス・スキナー**訳（ソフトバンク クリエイティブ）

時間欠乏の時代を生きる現代人に、「人生で本当に大切なことは何か」を常に問いかける著者が、究極の時間管理法を伝授してくれる本です。時間をコントロールするには、人生をコントロールするには、どうすればいいのかが見えてきます。

15

タスク管理術／GTD

頭をいつもクリアにしてテキパキ仕事を片付ける

行動につながる思考の整理法

これができる！

- ストレスや不安を感じない
- 業務が見える化される
- 業務の優先順位がわかる

▼やらなければいけないことに振り回されストレスを感じていた

職場でも家庭でもやるべきことがあまりにも多いことにウンザリしたことはありませんか？　私は30歳になったばかりのころ、職場でそれなりの立場になり、会社の仕事は多忙を極めていました。それでも夢の独立を目指して会社に勤めながら準備を始めたのです。そうすると、ますますやるべきことが膨大になり、いつも何かに追われる状態になりました。

こうなると、優先順位を決める時間さえなくなります。とりあえず目の前の作業からさばいていきました。まさにテンパっている状態です。ミスが多くなり、計画にも抜けが目立ちはじめます。同時に、そのころ、子どもがまだ小さかったこともあり、プライベートでもまったく余裕がありませんでした。混乱状態でいつもストレスを感じていました。「あれもしなくちゃ」「これもしなくちゃ」と焦りだけが空回りしているのです。「やらなければいけないこと」に押しつぶされて息苦しくなるほどストレスは極限に達していたのです。そんなときにこのスキルに出会いました。

▼GTDツールを使うと気持ちがスッキリする

知識労働の比重が高くなり、会社員の仕事は増えるばかりです。なのに、時間短縮の流れがあり「時間が足りない」という愚痴が方々で聞こえてきます。毎日100通を超えるメールと格闘しながら、会議に参加し、顧客を回り、上司に呼ばれて、また新しい仕事を頂戴するのです。マネジャーになれば部下の管理も重くのしかかります。

とうてい片付きません。常に仕事に追われる状態となり、回し車のなかを回すリスのようにいつ終わるかわからない作業をやり続けるのです。

そんなストレスから解放してくれるのがデビッド・アレンが提唱する「**GTD**」(Getting Things Done の頭文字をとったもの) です (『ストレスフリーの整理術』)。GTDのスキルを使うと驚くほど気持ちがスッキリします。まさに路地で迷っていた人が、町を見下ろす小高い丘に立ったような気分になれるのです。

ＧＴＤのやり方を身につけると、仕事でもプライベートでも、効率よく充実した人生を送ることができます。ＧＴＤをひと言で言えば、「気になっているタスクをすべて書き出してみる」ということです。１枚の白い紙とペンを用意して、「やらなきゃいけない」と気になっていることをすべて書き出してみます。未処理箱や未処理メールなどをひっくり返してすべて１か所に書き出すのです。

数時間かかるかもしれませんが、これだけで頭がクリアになりスッキリします。ストレスから解放されます。それどころか「こんなことがしてみたい」と前向きな気持ちになれるのです。

▼量にこだわって頭のなかを見える化する

頭のなかの気になるものをすべて書き出すというのは、ある意味「見える化」ともいえます。ストレスを感じているのは、「あれも、これもしなくちゃいけない」という焦りだけが空転しているからです。実際には本当にやるべきことがどれくらいあるのかを把握できていない状態です。だから、漠然とした焦燥感に煽られるのです。さらに、実務のなかで抜けやモレが起きて、その処理に手間取ってさらに時間を浪費していきます。結果、モチベーションも下がり、効率は低下する一方です。

書き出すときには量に重点を置きます。取りこぼすくらいなら、やりすぎたほうがいいという考えです。不要なものはあとで捨てればいいので、まずは量にこだわって何でもかんでも書き出してみましょう。「やりかけのプロジェクト」「上司との約束」「メールで返事をしなければいけないこと」「報告書の提出」「子どもの誕生日プレゼントの購入」「見聞を広げるために会いたい人」など浮かんできたものをどんどん見える化します。

▼書き出したタスクを振り分ける

「やるべきこと」の見える化が済んだら、分類します。まずは「やるべきこと」と「やらずに済ませること」に分けます。次に「すぐやること」「いつかやること」「人に任せること」などに振り分けていくのです。

「すぐやること」はすぐにやります。あくまでも目安ですが、デビッドは2分ルールというのを提唱しています。２分以内でできることはただちにやってしまい、それ以上かかるタスクは「いつかやること」に分類します。

「いつかやること」は、いつやるのかを決めます。期限を決めるだけです。週末にまとめて処理してもいいし、よくよく考えて「やらずに済ませること」や「人に任せること」にしてもいいのです。

「人に任せること」は、その場でメールを送って指示を出せばいいでしょう。そうやって、どんどん処理していきます。こうすれば、作業効率はよくなりますし、抜けやモレがなくなります。

この段階での注意点は次の３つです。

①優先順位をつけずに振り分ける（ここでは緊急性を考えず上から順に分類します）

②１度に１件ずつ処理する（すぐできることを見つけても、まずは分類作業をします）

③絶対に戻さない（分類する場所を決めたら元に戻さない）

要は、機械的にさばいて処理していくということです。

▼プロジェクトは行動レベルまで落とし込む

これだけやっても仕事が片付かないことがあります。それは複数の行動が必要な案件を1つの仕事として管理しているからです。たとえば、「セミナーを開催する」というタスクは、複数の行動をともないます。「講師の手配」「会場の手配」「案内状の作成」「案内状送付先の整理」などです。それらすべてを片付けて完了となります。これはプロジェクトと呼ぶべき案件です。

プロジェクトは、行動レベルまで一つひとつ「やるべきこと」を落とし込む必要があります。その上で、細分化したタスクを「すぐやること」「いつかやること」「人に任せること」などに分類し処理していけばいいのです。

▼ビジネスだけでなく家庭でも十分役立つスキル

このスキルは家庭でも十分に役立ちます。私は家でも活用しています。たとえば「年末の大掃除」。手あたり次第に掃除を始めると、最後まで終わらず、一番汚い状態で新年を迎えるということになりかねません。元旦から掃除しているというのもカッコ悪いものです。

何も考えずに始めると、始めたものの洗剤が足りないとか、ごみ出しの年末の締め切りを過ぎていたとか、随所に抜けが見えてきてウンザリします。子どもたちも掃除をする気がなくなってしまったりするのです。それを見て、夫婦の意見に食い違いが出てきて口論したりします。

これを防ぐには、前もってやるべきことを全部書き出してみることです。書き出すことで見えてくるものがあります。洗剤が足りないとか、電球が切れているとか、粗大ごみは事前の申し込みが必要だとか、いろいろなことに気づきます。次にそれを「いつやるか」「誰がやるか」「やらずに済ませること」などに振り分けていきます。そうすれば、ストレスなくスムーズに大掃除ができるのです。

人生のやりたいことを書き出してみよう

最大のポイントは、自分が関わっていることのすべてを定期的に見直す態勢を作り、行動しなくても安心できるようにすることです。漠然と「やらなきゃいけない仕事がたくさんある」という意識がストレスになるのです。「やるべきこと」を書き出して振り分けてみると、「やらなくてもいいもの」がいくつか見つかります。「いつやるか」が明確に決めてあれば安心できるものなのです。

結局、やるべき仕事が見えないから不安になるのです。「不安だから見えない」「見えないからやらない」という悪循環に陥ってしまいます。こうなると事態はさらに悪化していきます。これがストレスになります。

人生においても同じです。時間を見つけて、人生でやりたいこと、やるべきことを書き出してみましょう。そうすれば、先行きの不安もなくなるし、逆に、「あれもやりたい」「これもやろう」と前向きな気持ちになれるはずです。

▼**『全面改訂版　はじめてのGTD　ストレスフリーの整理術』デビッド・アレン**著　**田口元**監訳（二見書房）
革命的な仕事術を、発案者自らがわかりやすく解説した書。ビジネスに限らず日常生活全般に使えるスキルであり、「これによってストレスから解放される」と著者は言います。このスキルがモヤモヤしていた頭をスッキリさせてくれます。

習慣術

16

頭脳アクティベーション

15の習慣で「冴えない脳」を「高機能な脳」に変える

これができる！

▶脳のパフォーマンスが上がる
▶時間の管理ができる
▶ルールを決めて行動できる

▼ビジネスパフォーマンスは脳のパフォーマンス次第

私は独立して痛切に感じたことがあります。経営者になると誰からも指示・命令を受けることがありません。すべては自分発ですし、自己責任です。何をするにも自分で考え、自分で決断しなければいけないのです。

そうなると、とにかく考えるようになりました。考えて、考えて、考え抜きます。考えるためには情報を大量に集めなければいけませんし、判断材料となるようなデータも必要です。そうした情報を処理するのはすべて自分の脳です。

膨大な資料に目を通すにしても集中力が必要となりますし、記憶力や思考力も必要となります。脳が冴えていなければ効率は悪くなるでしょう。自分の脳の生産性、つまり脳のパフォーマンスの重要性を痛切に感じたのです。

▼脳のパフォーマンスは会社でも家庭でも重要

経営者だけでなく、会社員にとっても脳のパフォーマンスは重要でしょう。脳の集中力や回転数が高まれば、作業効率は上がります。会議の資料作りにしても、お得意先でのプレゼンテーションにしても、脳のパフォーマンスが高ければ、高い成果を得ることができます。家庭においても同様です。記憶力や集中力や思考力が高ければ、家事も手際よくできるはずです。

どうすれば脳の機能を高めることができるのか、頭の回転数を高めるにはどうすればいいのか、医学博士の簗山節さんがわかりやすく解説してくれています。

ひと言でいうと、生活習慣を変えればいいのです。簗山博士は、15の習慣を提案しています。この15の習慣はすべて実践したほうがいいです。実際、私もやっています。

▼脳が冴える基礎的な３つの習慣

第1の習慣は、生活の原点を作ることです。「生活のリズムを失うことはボケの入口」だと築山博士は言っています。起床時間と就寝時間を決めて、まずは生活のリズムを作りましょう。毎朝、決まった時間に起きて太陽の光を浴びるだけで脳は活動モードになります。そして、足、手、口を意識して動かすことで脳のウォーミングアップができるのです。

私は、毎朝、散歩しています。散歩のあとは部屋の掃除です。こうした習慣が脳のパフォーマンスを高めます。

第2の習慣は、試験を受けている状態を持つことです。試験は、90分なら90分という時間の制約のなかで問題を解かなければいけません。要するに時間の制約をつけて作業に取りかかるということです。

たとえば、資料を作成するという作業もダラダラとやるのではなく、時間を決めて取りかかるといいでしょう。家庭においては、料理を作るときや掃除をするときに、10分なら10分と、時間を決めるわけです。そうすると脳の基本回転数が上がるのだと築山博士は言っています。

第３の習慣は、睡眠中の整理力を利用することです。眠っている時間は、思考を自動的に整理させます。夜の勉強は中途半端にやっておいて、睡眠時間を十分に取り、起きてから整理するほうが合理的なのです。私は、最低でも６時間は寝るようにしています。

▼脳の力を最大限に発揮する３つの習慣

第４の習慣は、雑用を積極的にこなすことです。前頭葉の主な活動は「選択」「判断」「系列化」ですが、前頭葉の基礎体力を鍛えるには日常的な雑用を面倒くさがらずに片付けることだと築山博士は言っています。私も掃除などを積極的にやっています。

第５の習慣は、自分を動かす「ルール」と「行動予定表」を作ることです。会社では、朝来たらタイムカードを押すとか、挨拶するとか、さまざまなルールがあります。行動予定表については、その日にやるべき作業を書き出してみるだけでもいいと思います。

第６の習慣は、忙しいときほど机の片付けを優先させることです。物の整理は思考の整理に通じます。仕事で混乱したときは、机を機能的に整理することから始めると立て直しやすくなります。

▼「注意力」「記憶力」「話を組み立てる力」を鍛える

第７の習慣は、目と耳を使うことです。目を動かすと脳が動くと言われています。意識して目を動かすようにするとそれだけ注意力が高まるのです。
また、ときどき耳から情報を取り入れるようにすると人の話がスムーズに脳に入ってくるようになります。

第８の習慣は、積極的に書くことです。使える記憶を増やすには、出力することを意識して情報を吸収することが大切になります。たとえば、報告書や業務日誌を書くことをお勧めします。私も、メールマガジンを書いて日々情報を出力しています。人に伝えることを前提にして情報を入力していますから、記憶力も高まっているように思います。呼吸と同じで、入力と出力の循環があると脳は冴えていくのではないでしょうか。
また、その出力の機会を増やすためにメールマガジンやブログに挑戦することもいいと思います。

第９の習慣は、話す力を高めることです。思考を組み立てる系列化の訓練のために築山博士は患者さんに長く話してもらうようにしているそうです。患者さんは長い話をまとめようとして努力します。この努力が脳を鍛える訓練になるのです。

長い話をするときには次の3つを意識するとうまくいきます。

①人の質問に答える形で話していく
②メモを用意してそのキーワードをたどりながら話していく
③写真を利用して話してみる

▼脳の健康を保つことも重要

第10の習慣は、表現を豊かにすることです。会話をするときにたとえ話を入れるだけでもいいのです。たとえ話をする人はボケにくいとも言われています。

第11の習慣は、脳を健康に保つ食事をすることです。食事は、腹八分目を心がけ、食べるときはよく噛むことです。そして適度な運動を心がけましょう。当たり前の話ですが、体が健康であれば、脳も健康なのです。

第12の習慣は、定期的に画像検査を受けて脳の状態をチェックすることです。

第13の習慣は、「失敗ノート」を書くことです。失敗は脳からの警告サインです。そのサインを忘れないためにも自分の失敗を記録し、傾向を割り出すことで、脳の自己管理ができます。失敗を分析するときは、小さな失敗から注目するとわかりやすいです。

第14の習慣は、活動をマルチにすることです。ひらめきや創造力、クリエイティブな才能と呼ばれるものは、「脳の総合力」だと築山博士は言います。この才能は仕事だけを一生懸命にやっていても高まりません。日頃から活動を多面的にしている必要があります。興味を持って何でもやってみることです。人生を積極的に楽しもうとする姿勢が大切です。

▼問題解決に必要な意欲を高める方法

第15の習慣は、意欲を高めることです。意欲は脳が作り出す大切な要素です。好き嫌いや快不快で意欲が高まったり低くなったりします。意欲が高ければ多少困難な問題でも乗り越えていけますが、逆に意欲が低下していると簡単な問題でも解決に向かっていけなくなるものです。

意欲を高めるためには、自分の行動と結果を誰かが評価してくれることが重要になります。そのためには、他人を好意的に評価することです。人を好意的に評価すれば、自分も評価されやすい環境を作ることにつながります。

また、どこかでダメな自分を見せることです。「できない自分」を普段から見せていると、小さな成果でも周囲から「よく頑張ったね」と認められやすくなります。

逆に、いつも完璧な自分ばかりを見せようとすると、小さな成果では周りも評価しにくいですし、自分でも認めにくいものです。それゆえ、失敗をしたときは目立ってしまいます。

▼職場やプライベートで応用できる習慣

この15の習慣は具体的で実践しやすいものばかりです。職場でも家庭でも簡単に使えます。たとえば私は、サラリーマン時代、帰りの電車の時間を決めていました。ほとんどの人は朝の電車は決めていると思いますが、帰りの電車は決めていません。帰りの電車時間を決めていないからダラダラと仕事をしてしまうのです。帰りの時間を決めていると、集中して仕事をするようになります。これは第2の習慣の応用といえるでしょう。

また私は、仕事の作業が終わるごとに記録を書くようにしています。これは第8の習慣の応用といえます。第8の習慣では、出力することを前提に情報を入力することで記憶力が高まるということでした。私はセミナー講師をするとき、参加者たちができるだけ「何を学んだかを、隣の人とシェアする時間」をとるようにしています。そうすることで定着度も満足度もアップします。職場の会議の内容を同僚と話し合うだけもいいと思います。これも第８の習慣の応用です。

▼『**脳が冴える15の習慣**』**築山節**著（ＮＨＫ出版）

神経外科専門医の著者が記憶力、集中力、思考力を高めるために有効性の高い15の習慣を提案した書です。脳機能の低下を防ぐための生活とはどういうものか、具体的に実践しやすい形で紹介しています。

第5章

ヒットを作り出すコンセプト設計／戦略

コンセプト設計／戦略

17

コンセプト設計

消費者の心をつかみ、記憶に焼きつかせ行動させる

人を動かすアイデアのルール

これができる！

▶ヒットの秘密がわかる
▶新しい商品が作れる
▶頭のなかが整理される

▼力のあるアイデアとは、人を動かすアイデア

ビジネスではアイデアが不可欠です。新しいものを生み出すアイデアがないと、ビジネスは衰退せざるを得ないでしょう。過去の成功事例を真似しても成功するとは限らないし、スピードを上げても成功しない時代なのですから。

答えは見えないし、先行きも見えません。新しいアイデアを出して、どんどん試してみるしかないのです。ただ、アイデアを出すとき、力のあるアイデアとはどのようなものかという本質がわかっていたらいくらでも応用できます。また量産もできるでしょう。

では、力のあるアイデアとは一体どのようなものでしょうか？

力のあるアイデアとは、すなわち人を動かすアイデアのことです。「消費者の心をつかみ、記憶に焼きつかせ、実際に行動させるアイデア」と言い換えてもいいでしょう。たくさんの人の心を動かすからヒットするわけで、そのためにアイデアは、記憶に残るものでなければいけないのです。

▼記憶に焼きつくアイデアの6原則

記憶に残るアイデアには共通点があります。スタンフォード大学のチップ・ハース教授とダン・ハースらはその共通点を次の6つにまとめてくれました。

原則1　単純明快であること
原則2　意外性があること
原則3　具体的であること
原則4　信頼性があること
原則5　感情に訴えること
原則6　物語性があること

イスラエル人研究チームは「この6つの原則を理解すれば広告制作の初心者でもいいアイデアを生み出せるかもしれない」と考えました。そして、それを検証するために実験をしました。まず広告制作の初心者を3つのグループに分けます。第1のグループは、製品の予備知識を受け取ったのち、何の訓練も受けずすぐに制作に取りかかりました。それを消費者に試してもらったところ、結果は惨憺たるものでした。

第2のグループは、経験豊富な制作者から2時間にわたり、自由連想型ブレーンストーミング手法の訓練を受けました。消費者テストの結果は第一グループとさほど変わりませんでした。

第3のグループは、6つの原則について2時間の訓練を受けました。結果、消費者からズバ抜けて高い評価を得たのです。創造性の評価は他の2つのグループより50%高く、製品に対する好意も55%高くなりました。

このことは広告だけに限りません。文章を書くときも、講演で話すときも、ビジネスアイデアを模索するときも、あらゆるシーンで活用できます。

アイデアは単純明快でなければならない

アイデアは単純明快でなければなりません。顧客を目の前にしたら販売計画など何の役にも立ちませんから、まず単純明快にひと言で伝えることが必要になります。ひと言で相手の心をつかめなかったら最後まで話を聞いてもらえないのです。

単純明快であるためには、アイデアの核となるものを見極めなければなりません。3つも4つもあっては相手の頭に何ひとつ入っていかないのです。ぼやけてしまい何も言わないのと同じ状況になります。

1つに絞り込むことです。無駄なことをそぎ落して簡潔な1本の言葉にしてみることです。アイデアを1本の言葉にするという作業をしてみると、自分の頭のなかが整理されていくのがよくわかります。

▼意外性とは常識を破ること

記憶に焼きつきやすいアイデアには意外性があります。相手を驚かすようなアイデアだということです。

たとえば「世界一のトランジスタラジオを開発しよう」というアイデアはいかにもありきたりで意外性はありません。「トランジスタラジオの研究で他社に差をつけよう」という標語を作ったとしても誰も記憶に残してくれないでしょう。

しかし、ちょっとした視点の違いで意外性は付加できます。

１９５０年代のことですが、ソニーは開発者たちに「ポケットに入るラジオを作ろう」と呼びかけました。今では当たり前ですが、当時はポケットにラジオを入れて持ち歩くという発想はありませんでした。

これこそ意外性です。「ポケットに入るラジオ」というアイデアは技術者たちにも消費者にも受け入れられ、ソニーは驚異的な躍進を遂げます。

意外性とは「常識を破る」ということです。相手がイメージしている予測をくつがえすと言い換えてもいいでしょう。

▼具体的であることは理解を助ける

具体的であることは重要です。あいまいで抽象的だと相手に伝わりません。たとえば、ＩＴ企業の経営者が「次世代の優れた検索エンジン」を開発しようと技術者たちに呼びかけても、それが関連性のある情報すべてを拾い出す検索エンジンなのか、それともスピードなのか、技術者たちはどちらを目指せばいいのかわからなくなるでしょう。アイデアは具体的に示す必要があります。

具体的であると相手に伝わるだけでなく、理解を助けてくれます。わかりづらいことも具体的に説明することで理解できるようになるのです。たとえば、料理のレシピがあった場合「十分に粘りが出るまで煮詰めます」としか書いてなかったら、はじめて作る人にはさっぱり理解できないでしょう。「中火で約60分間、じっくりと煮込んでください」と具体的に書いてあれば誰にでも理解できます。

▼信頼性を持たせるために必要なこと

どんなに素晴らしいアイデアでも信じてもらえなければ意味がありません。つまりアイデアには信頼性が必要だということです。

信頼性を持たせるためにはどうすればいいのでしょうか？

１つは権威のある専門家や有名人のお墨付きをもらうことです。「これは日銀のホームページに書いてあることです」と言えば、多くの人は間違いない情報だと思うでしょうし、大学の教授が証明したことであれば誰もが信じるでしょう。

２つ目には、統計を持ち出す方法です。統計データやランキングを持ち出して「これだけの人たちがこの商品を買っている」となれば信頼性は増すでしょう。

さらに3つ目。権威づけよりも、統計を並べ立てるよりも、もっと説得力を持たせる方法があります。それは、鮮明な細部描写を盛り込むことです。

ある実験がありました。7歳の子どもの養育権を認めるかどうかの裁判で、陪審員たちは、おおざっぱな証言と、鮮明な細部描写がある証言ではどちらを信じるかという実験です。

Aの証言「子どもが寝る前にはきちんと顔を洗わせ、歯を磨かせる」

Bの証言「子どもが使っているのは、スター・ウォーズのダース・ベイダーの形をした歯ブラシだ」

Bの証言の細部は、親としての適性とは無関係ですが、これが裁判を決定づけました。

相手の感情に訴える3つの方法

感情に訴える方法として、チップ・ハース教授らは次の3つをあげています。

①関連づけを利用する（既存の感情にアイデアを関連づける）

反喫煙団体のキャンペーンでは、殺人に対する怒りをショッキングに喫煙と関連づけました。「タバコが毎日、何人を殺しているか知ってるか」というセリフが全米の若者たちの感情を揺さぶったのです。

②自己利益に訴える（欲しかったものがここにあると訴求する）

多くの企業は消費者へのメリットを訴えないで、商品の特徴ばかりを強調しています。「あなたにとってこんなメリットがありますよ」と言うべきなのです。

③アイデンティティに訴える（相手の持っている自己イメージを利用する）

ポイ捨て取り締まりキャンペーンで功を奏したコピーが「テキサスを怒らせるな」です（「怒らせるな」と「散らかすな」は同じ英語表現を使った洒落）。これは「本当のテキサス人はポイ捨てしない」と南部男たちのアイデンティティを刺激しました。

▼心の琴線に触れる物語の３つのパターン

そのアイデアに物語性があると消費者の心に深く刻まれます。物語は強烈な力を持っています。物語の力をビジネスに使わない手はないでしょう。

相手の心の琴線に触れる物語には次の3つのパターンがあります。「挑戦の筋書き」「絆の筋書き」「創造性の筋書き」です。

①挑戦の筋書き

主役が圧倒的な障害に直面するが諦めないで挑戦するというお話。

②絆の筋書き

人種、階級、民族、宗教、あるいは人口統計上の違いを乗り越えて、人々が関係を育む物語です。

③創造性の筋書き

精神面で突破口を開いたり、長年の謎をあるきっかけで解いてみたり、革新的な方法で問題に取り組んだりするお話です。

▼アイデアを6つの原則でチェックし改善する

この6つの原則はある意味、チェックリストです。思いついたアイデアがちゃんと消費者の心に届きヒットするのかどうかという目安になります。

たとえば、私が提唱している「週末起業」をチェックしてみましょう。

①単純明快である

平日は会社員、土日だけ起業しましょうというコンセプト。単純でわかりやすいです。

②意外性がある

当初はちょっとした驚きがありました。起業するとなると会社を辞めなきゃいけないと、多くの人が思い込んでいましたが、週末だけ起業するという発想もあるんだという意外性です。

③具体的である

告知するときは具体的な事例を紹介して訴求するようにしています。

④信頼性がある

これまで数えきれない人が会社を辞めずに起業し、成功してきました。その人たちの声を聞いていただければ、その有効性は信頼していただけるのではないでしょうか。

⑤感情に訴える

「起業したい！　でも不安」という感情は、サラリーマンの多くが抱いている感情だと思います。

5-01図 コンセプト設計

アイデアを６つの原則で確認し改善する

▶「週末起業」をチェック

1 単純明快である

平日は会社員、土日だけ起業しましょうというコンセプト。

2 意外性がある

起業するとなると会社を辞めなければいけないと、多くの人が思い込んでいた。
週末だけ起業するという発想。

3 具体的である

告知するときは具体的な事例を紹介して訴求する。

4 信頼性がある

「週末起業セミナー」は、これまで２万人の方々が受講してきた。
その人たちの声が信頼につながる。

5 感情に訴える

「企業したい！　でも不安」という感情は、多くの人が抱いている感情だ。

6 物語性がある

会社を辞めずに自分のビジネスを立ち上げた人たちの体験談には、
誰もが共感できるドラマがある。

「週末起業」というアイデアのいい面と改善点が見えてくる。

⑥物語性がある

私を含め、実際に会社を辞めずに自分のビジネスを立ち上げた人たちの体験談には、誰もが共感できるドラマが詰まっています。

こうしてみると、私の提唱する「週末起業」というアイデアがヒットした理由が見えてきます。この６つの原則はこのようにアイデアをチェックする際に活用するといいと思います。

▼**『アイデアのちから』チップ・ハース、ダン・ハース**著　**飯岡美紀**訳（日経BP社）
全米150万部のベストセラー本。アイデアの成功の精度を高めてくれます。豊富な事例と研究成果が収録されていて、読みごたえアリ。アイデア作りのフレームワークとして著名なビジネス書作家も実践しています。

18

ビジネスモデル

ビジネス構造を視覚的に捉え、アイデアを事業にする

論理的に事業構想を練るフレームワーク

これができる！

- アイデアを形にできる
- 新しい価値を創造できる
- 事業を再構築できる

▼ビジネスモデルを再定義し、新しい価値を創造する

「ビジネスモデルとは、どのように価値を創造し、顧客に届けるかを論理的に記述したもの」だと、ビジネスモデル・イノベーションに関するアドバイザーであるアレックス・オスターワルダー博士は言います。

新製品を投入したり、業務改善をしたりというだけでは、利益が確保しにくくなっている現代、ビジネスモデルというものが世界中で関心を集めています。

かつて、ビジネスモデルといえば、「物とお金の流れ」くらいに捉えられていました。昔はビジネスも単純だったのです。しかし、今では、顧客の価値を中心にして事業を再構

築する必要性に迫られています。この新しい定義に従って、事業を検証し再構築できるスキルが現代のビジネスパーソンに求められているのです。

▼チームでビジネスモデルを生み出していく

オスターワルダー博士が考案した「**ビジネスモデルキャンバス**」というツールがあります。１枚の紙（キャンバス）に９つの要素を書き込んでいくものです。９つの要素とは、次のようになります。

①「顧客セグメント」誰のために価値を創造するのか？　最も重要な顧客は誰なのかということです。

②「価値提案」顧客の抱える問題を解決したり、ニーズを満たしたりします。

③「チャネル」価値提案を顧客に届けるには、コミュニケーション、流通、販売などのチャネルが必要です。

④「顧客との関係」顧客はどのような関係を構築、維持してほしいと期待しているでしょうか。

5-02 図 ビジネスモデルキャンバス

▶Apple iPod／iTunesのビジネスモデルの場合

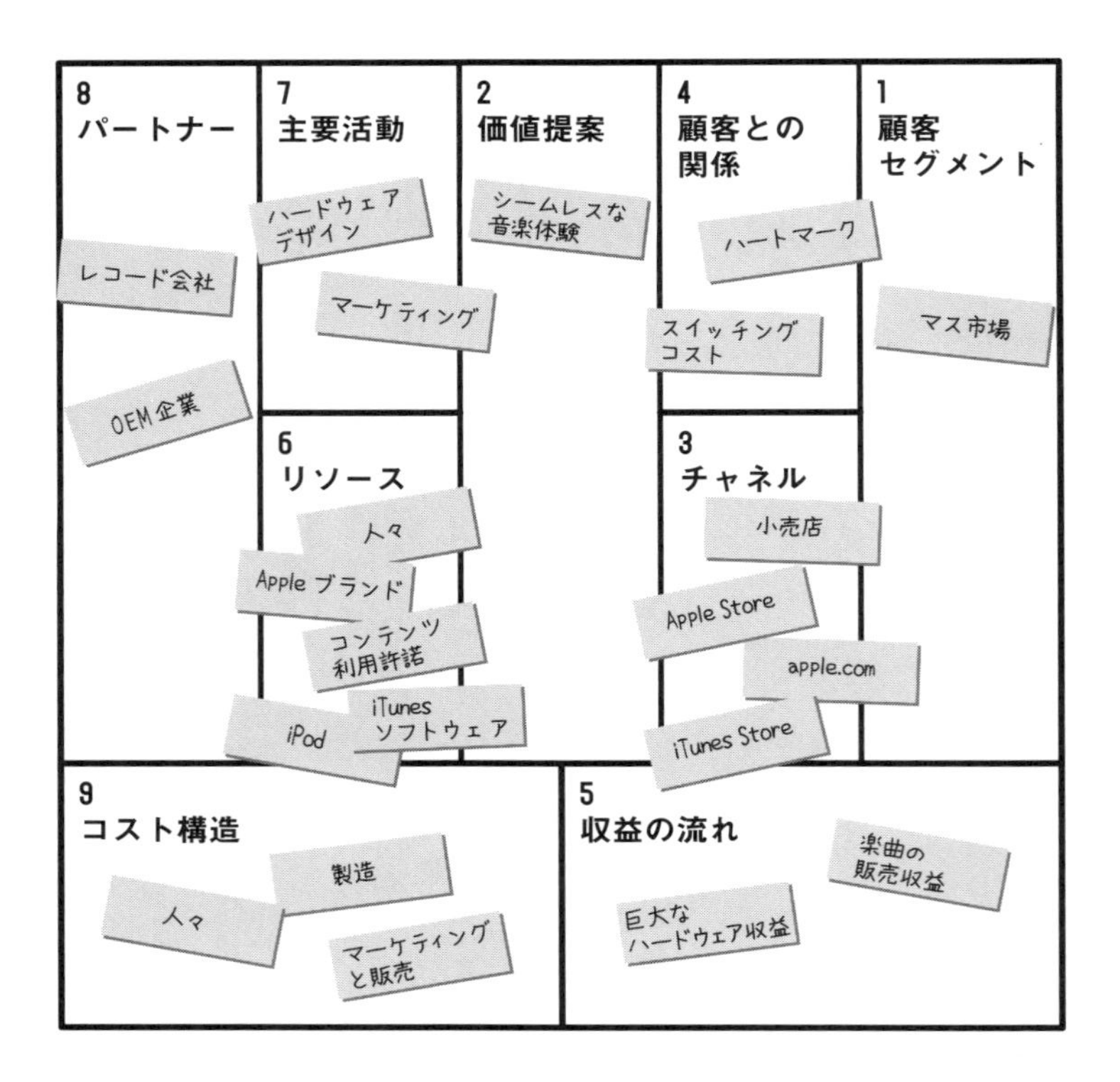

1枚の紙(キャンバス)に9つの要素を書き込んでいく。チームメンバーや顧客と対話し、試行錯誤しながら新しいビジネスモデルを生みだせる。

『ビジネスモデル・ジェネレーション』より引用

⑤「収益の流れ」顧客はどのような価値にお金を支払おうとしているでしょうか。
⑥「リソース」価値を提案するために必要なリソースは何でしょうか。
⑦「主要活動」価値を提案するために必要な主要活動は何でしょうか。
⑧「パートナー」アライアンスやパートナーシップ、ジョイントベンチャーなど社外から調達できるリソースはありませんか。
⑨「コスト構造」このビジネスモデルで最も重要なコストは何でしょうか。

このフレームワークを使って、チームでブレストしながら構築するのが望ましいでしょう。１人のカリスマリーダーのアイデアでビジネスモデルを作るのではなく、チームメンバーや顧客と対話し、試行錯誤しながら新しいビジネスモデルを生み出していきましょう。

▼アイデアを事業の形にしていくフレームワーク

起業志望の人たちは総じてアイデアマンが多いようです。私が主宰する「週末起業フォーラム」でも、素晴らしいアイデアがポンポン出てきます。しかし、残念なことに、アイデアはいくらでも浮かんでくるけれど、それを事業まで高められないという人がいます。

起業経験者から見ると、そのアイデアは穴だらけです。オスターワルダー博士のビジネスモデルキャンバスを埋めていけば、簡単にこの穴をふさぐことができます。実際、このビジネスモデルキャンバスを埋めていって、自分のアイデアを形にして起業に至ったという人がたくさんいます。

私自身もこのフレームワークは活用しています。ビジネスは絶えず革新が必要です。競合も増えていきますし、消費者はすぐに飽きてしまいます。たとえば、私の「週末起業フォーラム」という会員制度のアイデアも、旧来型のコンサルタントというビジネスモデルを見直したところから生まれたのです。

▼アイデア次第でビジネスはもっと拡大する

たとえば、週末起業フォーラムの会員に、手作りウェディングドレスのキットを販売している方がいます。

その方はもともと洋裁が得意で、はじめはウェディングドレスの完成品を販売することを考えていました。

しかし、それではあまりユニークではありません。また、制作にも手間がかかります。売上はすぐに頭打ちになり、成長性は望めないでしょう。

そこで、ドレスの完成品を売る代わりに、制作キットを売ることを思いつきました。これなら斬新ですし、作るのはお客さんですから、手間もかかりません。

代わりに誰でも作れるように、制作過程を紹介したＤＶＤも添付しました。

これならお客さんは、確実に完成させることができます。また、必要な材料を調達する手間も省け、必要最低限の材料で済みますので無駄もありません。

何より披露宴で「ウェディングドレスは花嫁が自作しました！」と言えるのは、大きな価値といえます。

これを「ビジネスモデルキャンバス」で考えると、②「価値提案」に独自性を加えたことになります。すなわち「オリジナルのウェディングドレスを着たいというニーズ」に加え「オリジナルのウェディングドレスを自作したい」というニーズも満たすことができるのです。

このようにビジネスは、要素をひとつ変えるだけでも、大きな差別化要因になりえます。通り一遍のビジネスが、まったく新しいビジネスに生まれ変わるのです。

そんなビジネスモデルの各要素を可視化できるところが、「ビジネスモデルキャンバス」

の魅力です。

何か起業のネタになりそうなアイデアをひらめいたら、このフレームワークを使ってみることです。チームでブレストしながら作り上げることで、ユニークなビジネスを次々に生み出すことができるはずです。

▼**『ビジネスモデル・ジェネレーション』アレックス・オスターワルダー、イヴ・ピニュール**著　**小山龍介**訳（翔泳社）
今日的なビジネスモデルをいかに生み出すかを追究した本です。本書で紹介されているビジネスモデルキャンバスは著者の博士論文から生まれ、瞬く間に欧州から世界へと広がりました。本書自体も新しいビジネスモデルで、45か国470人が共同執筆しています。

19

孫子の兵法／戦略

戦いを避けながら、弱者が強者に勝つ

戦争で培われた負けない戦い方

これができる！

- 競争しないで勝つ
- 競合を味方にする
- 弱くても勝てる

▼ビジネスに応用できる「孫子」のスキル

「孫子」は、ビジネスの世界でもスポーツの世界でも、人生においても、多くの人たちが学び参考にしています。松下幸之助さんは「孫子」を暗誦していたといいますし、ビル・ゲイツは座右の書にしているといいます。ビジネスパーソンならば絶対に押さえておきたいスキルです。

一般には断片的に名言が切り取られて語られることが多いようですが、本来は戦い方の要諦をまとめたものです。

国は亡べば終わりです。人は死ねば生き返りません。戦争はやり直しがきかないので

す。ですから、戦争には細心の検討をもって臨むべきでしょう。「孫子」とは、そんなやり直しのきかない戦争で構築されたノウハウです。

ビジネスはよく戦いにたとえられます。競合他社がひしめくなか、限られた資源を最適に配分しながら成果をあげていかなければいけません。そう考えると、たしかに、ビジネスと戦争はよく似ています。生きるか死ぬかの真剣勝負のなかで磨かれた「孫子」のスキルは、ビジネスという名の戦争のなかで大いに応用できるものです。

▼人生の転機に中国古典を読もう

私は人生の転機には、いつも書籍からヒントを得るようにしています。会社を辞めて経営者に転身したとき、「まず経営者が読んでいる本を読もう」と決意しました。調べてみると、多くのリーダーたちが読んでいるのは『菜根譚』や『老子』など、中国古典だったのです。なかでも圧倒的に支持されているのが『孫子の兵法』でした。

コンサルタントをしていた私には、戦略を説く「孫子」が腑に落ちました。読んでいくと、仕事に大いに役立つことがわかってきたのです。原文は難解なため、現代語訳で、しかも解説付きの本を探すなか、守屋淳さんの著作『最高の戦略教科書 孫子』に行き当たりました。

中国古典思想の権威といえば守屋洋先生が有名ですが、その息子さんで守屋淳さんもまた「孫子」の研究をされています。親子の共著もあり、中国古典を学びたい人におススメです。

▼最善の策とは、戦わないで敵を屈服させること

「百戦百勝は善の善なるものに非ず。戦わずして人の兵を屈するは善の善なるものなり」という言葉が「孫子」にあります。百回戦って、百回勝っても、百回も戦えば資源や組織や自分自身もボロボロになります。下手をすれば漁夫の利をさらわれてしまうかもしれません。それでは、勝ったところで何にもなりません。最善の策とはいえないでしょう。

最善の策とは、戦わないで敵を屈服させることです。戦わずに相手を屈服させ、相手の資源もろとも取り込んでしまえばいいのです。ビジネスの世界でも、ライバルと競争して疲弊するくらいなら、吸収合併してしまうほうが賢明ではないでしょうか。

同業者を敵と思わず、仲間だと思えばいいのです。訴訟などしないのが一番ですし、大手企業と張り合うとつぶされてしまいます。一緒にやることを模索することです。

私も同業者とは足の引っ張り合いをするよりも、一緒にできる道を模索してきました。たとえば、当社のような教育ビジネスの会社ではよくあるのですが、当社で学んだ生徒さんが、当社のコンテンツを使って当社と同じビジネスを始めることがあります。つまり、当社の同業他社、すなわち競合他社になってしまうのです。その場合、普通は相手をたしなめたり、邪魔をしたり、法に訴えるなどするのが業界では当たり前です。でも、私は相手と潰し合いをするより、共存共栄の可能性を探します。当社の講師として活躍していただくとか、当社ができない場所で当社のビジネスの普及していただくなど、一緒に仕事をする道を探るのです。これも孫子の「戦わずして兵を屈する」の教えに沿っています。

▼戦いを避けながら伸びていくこと

私の知り合いのTさんは地方都市で営業のコンサルタント業をやっています。著書も多く、セミナーでも全国から声がかかるほど力のある人ですが、東京進出は一切考えていないそうです。

「なぜ東京へ出てこないのですか?」と聞いてみたら、「東京は同業者がたくさんいます。ですから、地元のナンバーワン営業コンサルタントで戦わせていただいています」という答えが返ってきました。

このTさんも『孫子の兵法』の愛読者です。

ビジネスの世界にも弱者と強者がいます。弱者の最たるものが1人で起業した人たちでしょう。あらゆる分野で後発ですし、資源も限られています。Tさんがとった戦略は、大手企業や先行者らを研究し、相手が関心を持たないところを見つけ、戦いを避けながら伸びていくことだったのです。Tさんの戦略もまさに「孫子」のスキルを実践しています。

▼孫子のロジカルシンキングはあらゆる分野に使える

「孫子」の有名な言葉に「彼を知り、己を知れば、百戦して殆うからず」とあります。孫子はこのとき、「敵」という言葉を使わず「彼」としています。この「彼」には「敵」以外の環境すべてが含まれるとする研究者もいるので、ビジネスでいえば、ライバル会社だけでなく、政府の方針転換や市場の変化、消費者動向といったことを調べなさいという教えととらえることもできます。

さらに、「彼」よりも、「己」を知ることのほうがはるかに難しいのではないでしょうか。自分が本当にやりたいことは何なのか、これを知らずにビジネスは始まらないと思うのです。多くの人は自分のことなのに、自分よりも外に答えを求めようとします。私は年に数回、静かな場所で自分に聞く時間を作っています。

　このように「孫子」のスキルはいくらでも現代に応用できるのです。兵法とは「戦いのノウハウ」ですが、基本的には理詰めであり、ロジカルシンキングです。ですから、時代を超えて、あらゆる分野に使えるスキルなのです。勉強にも、人間関係にも、家族内の交渉事にも十分対応できます。

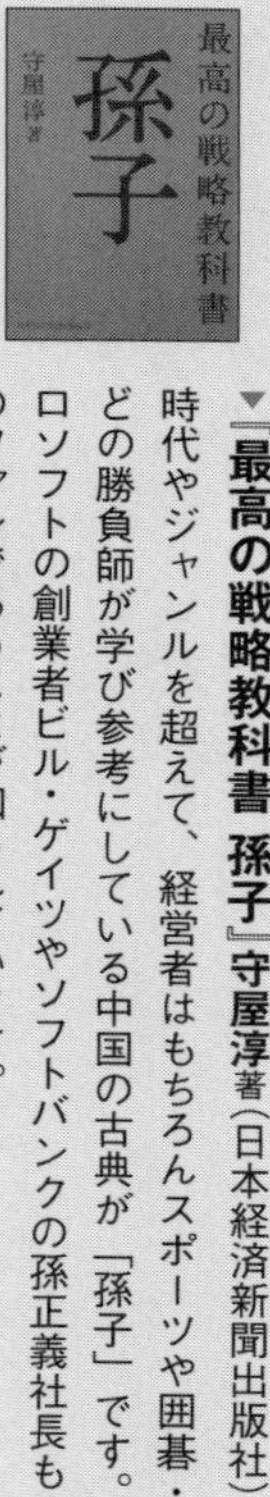

▼**『最高の戦略教科書 孫子』守屋淳**著（日本経済新聞出版社）
時代やジャンルを超えて、経営者はもちろんスポーツや囲碁・将棋などの勝負師が学び参考にしている中国の古典が「孫子」です。マイクロソフトの創業者ビル・ゲイツやソフトバンクの孫正義社長も「孫子」のファンであることが知られています。

第6章

人間関係を円滑にするコミュニケーション術

20

コーチング

当意即妙の質問を繰り返し相手を動かす

相手の答えを引き出す技術

これができる！

- コミュニケーション力が上がる
- 聞き上手になる
- 部下のやる気を引き出せる

▼相手の話を正しく聞くための技術

「コーチング」という言葉の定義はさまざまあります。

「コーチングとは、個人の仕事や生活のなかでの目標達成と能力強化を促進する、認知、感情、行動の持続的変化である」

「コーチングとは、他者の能力、学習、成長を促進する技術である」

「コーチングとは、自己を成長させ、より有能な人物となるために必要な手段、知識、機会をその人の身につけさせることである」

コーチングの定義は、もっとたくさんあります。10人いれば、10通りのコーチング定義があるかもしれません。

私は個人的には「相手の話を正しく聞いて、相手が持っている答えを引き出す技術」としてとらえています。答えは相手のなかにあることを前提に、答えを教えたり指導したりする代わりに、質問しながら聞くことで、相手を動かし育てることができるのです。それがコーチングだと思っています。

▼コーチングスキルを身につけて聞き上手になる

コミュニケーションというと話し手のスキルのことをいうケースが多いようです。話し方とか、プレゼンとか、交渉術とか、いかに話し、いかに説得するかに重点が置かれています。

しかし、問題は話し方よりも聞き方です。人は本来話すことが大好きです。むしろ、聞き方が下手なことがコミュニケーションの障害になっていることが多いように思います。あなた自身、上司や先輩、パートナーなどから、話を聞いてもらえなくて悩んだことがあるはずです。

実は、相手を動かすには、助言したり方法を教えたりといった、話すことよりも聞くことのほうが大事なのです。

コーチングスキルは、まさに聞き上手になるためのスキルです。ビジネスパーソンに限らず、学生にも主婦にも、人とコミュニケーションを図るすべての人に必要なスキルです。

▼スポーツからビジネスの世界へ広がったコーチング

コーチの語源は「馬車」のことです。15世紀ごろのハンガリーにコチという街がありました。当時の輸送網の重要拠点であり、コチでは馬車が作られるようになります。やがて移動手段である馬車そのものをコチと呼ぶようになったのです。

これが「コーチ」の語源となりました。ですから、コーチングは人を目的地まで連れていく手段であり、最も洗練された旅の手段なのです。

20世紀になりコーチはスポーツの世界で取り入れられました。メンター（助言者）とモチベーターとトレーナーを兼ね備えた「コーチ」という存在がクローズアップされます。

その後、ビジネスコーチング、ライフコーチングへと広がっていきました。ビジネスの世界では、人を育てる立場の人のためのコミュニケーションスキルとして導入され、上司が部下に指示するのでなく、対話によって部下の自発的な行動を促すことができるようになったのです。

▼部下や後輩を指導するためにコーチングを学んだ

私がコーチングのスキルを身につけたのはアメリカから帰国したあとのことでした。会社のなかで部下や後輩を指導する立場になったのです。日本の実情に疎くなっていたせいか、部下のほうが優れていたせいか、私の指導はうまくいきませんでした。部下や後輩たちの知識と経験を生かしながらモチベーションを下げずに動かし、成果をあげるにはどうすればいいのか、難しい対応を迫られていたのです。

そんなときコーチングに出会いました。これを学ぶうちに、しっかりとした方法論が確立されていることや、アメリカにはコーチングのプロがいることも知りました。当時、私は独立を考えていましたから、このコーチングも起業のネタになるぞという計算もしていました。

▼押しつけや管理ではなく自発性を促すこと

人は管理されると自発性を奪われます。押しつけられるとモチベーションを失い、やがて依存心を強くしてしまい、状況対応能力を低下させることになります。かといって、放任すると、自分の仕事や行動に対するフィードバックがなくなり、成長の機会を失ってしまいます。

たとえば、部下や後輩から相談を持ちかけられたとき、安易にアドバイスをしたり、安易に答えを出したりして、代わりに問題を解決しようとすると、それは管理であり、押しつけになってしまいます。相手のモチベーションは下がり、自発性も損なわれてしまうのです。「社員が自立していなくて困る」と嘆く社長やマネジャーの大半がこの類です。

▼新しい観点を与える質問を投げかける

要は話を聞くことですが、ただ聞けばいいというものでもありません。詰問になってしまったり、延々と愚痴を聞くはめになったり、聞けばいいと勘違いしていると大きな落とし穴にはまることになります。

一定のゴールを想定したうえで、解決策を見出せるように質問することです。

たとえば、次のような会話は、どの企業でもよく耳にするのではないでしょうか？

上司「この前のお客さん、契約とれたの？」
部下「残念ながら、ダメでした」
上司「何で！　大丈夫だって言ってたじゃないか！」
部下「他の会社にとられてしまったんです……」
上司「何やってるんだ、何でうちじゃなくてよその会社なんだ？」
部下「詳しくは、わからないですけど……」
上司「わからない？　それじゃ話にならん。次は、もっと頻繁に連絡するんだな！」
部下「はぁ……すみません」

このように、頭ごなしに相手を問い詰めても、部下は萎縮するばかりで何も出てきません。矢継ぎ早に責め立てられているため、部下の心は閉ざされ、解決策を考えることを放棄してしまっています。

これでは、上司も部下自身も、気づきを得ることができません。
もし、上司が次のようなコミュニケーションをとっていたらどうでしょう?

上司「この前のお客さん、契約とれたの?」
部下「残念ながら、ダメでした」
上司「何で?」
部下「他の会社にとられてしまったんです……」
上司「なぜ、他の会社に決まったの?」
部下「うちより良い条件が出たようです」
上司「良い条件って、うちより格段に良かったの?」
部下「いえ、そんなことはないと思います」
上司「じゃあ、なんで他社に決めたの?」
部下「お客さんが『検討したい』とおっしゃったので連絡を待っていたら、その間に決まってしまったみたいです」
上司「どれくらい待っていたの?」
部下「2週間くらいです。連絡がないので電話したら『よその会社に決めてしまった』

と言われました。少し間を空けすぎたかもしれません」

上司「お客さんは他の会社にも見積もりをとるからね。待つ以外にできたことはないかな？」

部下「そうですね……。金額以外の、たとえばアフターサービスなどが、いくつか提案できたかもしれません」

上司「それはいいね。次に同じようなお客さんが来たとき、そうしたら状況は変わるかな？」

部下「ええ、少なくとも、他社に決めてしまう前に相談してもらえる気がします。次はそうしてみます！」

これがコーチング的なアプローチです。後者の上司は、部下に対して「聞く耳」を持って接しています。部下に安心して話すことができるという安心感をもたらしています。これにより、部下からさまざまな情報を引き出すことに成功しています。それ以上に部下が自主的に考えています。

結果的に、部下のやる気を出しています。

このように、コーチングは、質問によって新しい観点を与え、新たな可能性を切り開いていく技術なのです。

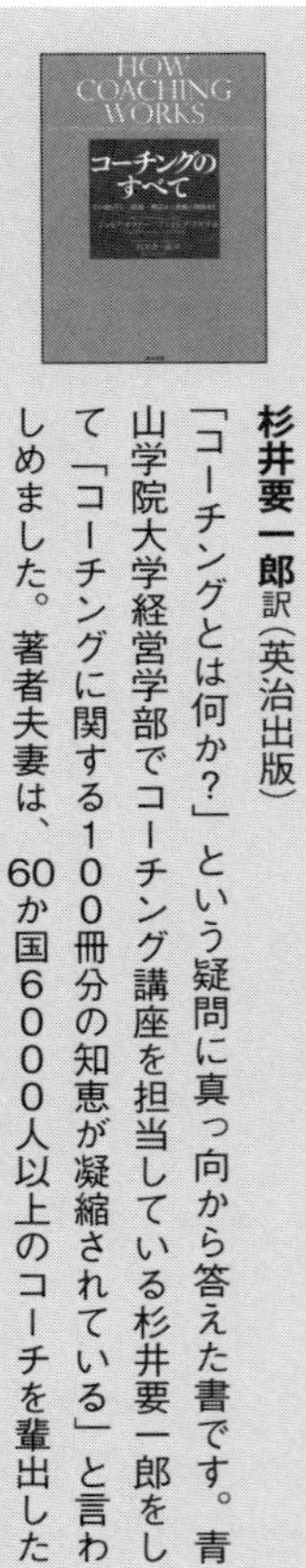

▼**『コーチングのすべて』ジョセフ・オコナー、アンドレア・ラゲス**著
杉井要一郎訳（英治出版）

「コーチングとは何か？」という疑問に真っ向から答えた書です。青山学院大学経営学部でコーチング講座を担当している杉井要一郎をして「コーチングに関する１００冊分の知恵が凝縮されている」と言わしめました。著者夫妻は、60か国６０００人以上のコーチを輩出したＩＣＣ（国際コーチング連盟）の共同設立者です。

21

心理操作術

社会心理学の理論を生かし思い通りに人を動かす

相手にＹＥＳを言わせる技術

これができる！

- 人の意を操れる
- 相手を納得させられる
- 騙されなくなる

▼ビジネスパーソンには必須のスキルです

心理を操作する技術とは、ひと言でいうと相手にＹＥＳと言わせる法則のことです。セールス担当者がこの法則を身につければ最強ですし、ホームページやメールマガジンの発行者がこの法則を活用して文章を書いたら、商品がおもしろいように売れるかもしれません。

私は独立してこの法則に出会いました。独立すると商品づくりからセールスまですべて自分でやらなければならなくなりました。商品やセミナーの名前をどうするのか、価格をいくらにしなければいけないのか、流通はどう使っていけばいいのか、プロモーションはどうするか、こうしたことをすべて自分で考えねばならなかったのです。これらを考えるときに、マーケティングの知識の必要性を感じました。そこでマーケティングを勉強したのですが、そのときに出会ったのがこの法則です。

そして、世の中の商品の多くがこの法則を踏まえて売られていることを知りました。会社員時代に営業を担当していた時期があったのですが、あのころに知っていたらよかったのにと、ほぞを噛んだものです。

▼人はある種のことに自動的に反応してしまう

人はある種のことに自動的に反応してしまいます。たとえば「価値のわからないものの価値を判断するとき、【高額のもの＝良いもの】と考える傾向がある」のです。この心理をビジネスに利用した事例があります。

アリゾナのジュエリー店の店主は、トルコ石が売れなくて困っていました。値段の割には質の高いものなのですが、なかなか売れないのです。そこで、買い付けの旅に出る前に店主は、やけになり「その陳列ケースの品は全部価格を1／2にしておけ！」とメモを売り場主任に渡しました。

買い付けから帰ってみると、すべての宝石が売り尽くされていました。しかも、すべての宝石が2倍の値段で売れていたのです。売り場主任はなんと「1／2」を「2倍」と読み違えていました。宝石の知識のない観光客たちは、価格が釣り上げられた宝石を見たとき、これは買う価値のあるものだと信じ込んでしまったのです。

人に影響を及ぼす6つの法則

人に影響を及ぼす法則は6つにまとめることができます。

1つは**「返報性」**です。私たちは、他人から何らかの恩恵を受けたら、似たようなお返しをしなければいけないと思い込んでいます。そのことを返報性といいます。試供品の無料配布や、食料品売り場の試食サービスなどはこの返報性を利用したものです。

2つ目は**「コミットメントと一貫性」**です。私たちは、ひとたび決定を下したり、ある立場をとったりすると、一貫した行動をとるようになります。

こんな調査があります。慈善事業の寄付集めのために個別訪問してくれるボランティアを増やしたいときに、どうすればいいかという実験です。調査の一部だとして電話をかけ、「アメリカ癌協会のために寄付を集めるボランティアに参加してくれるよう依頼されたらどう答えますか?」という質問をしました。するとほとんどの人が自分は参加するだろうと答えたのです。この些細なコミットメントを引き出すことにより、数日後、実際にボランティアを募集すると通常の8倍の人が参加したといいます。人は一度コミットしたことと一貫した行動をしようとするのです。

3つ目は**「社会的証明」**です。これはテレビの録音笑いにつられて笑ってしまったり、その商品を購入した「お客様」の声を読んで商品を購入したりする心理です。私たちは他人が何を正しいと考えているかに基づいて物事が正しいかどうかを判断します。ある行動をとる人が多いほど、私たちはそれが正しい行動だと思ってしまうのです。

4つ目は**「好意」**です。私たちは好意を持っている知人から何かを頼まれるとイエスと言ってしまいます。

5つ目は**「権威」**です。人は権威者の命令にはとかく従おうとします。

６つ目は「**希少性**」です。人は手に入りにくくなると、その機会が貴重なものに思えてきます。この希少性の原理によって思わず商品を購入してしまうのはよくあることです。

▼６つの法則を使いこなせるようになろう

ビジネスは顧客との「心理戦」です。この６つの武器を使いこなすことができればビジネスを大成功に導くことができますし、マーケティングの戦略が立てやすくなります。セールス担当者ならば、このスキルを使えば間違いなく成約率を高めることができるはずです。

セールスマニュアルを見るとき、より深く理解することができます。早く理解できれば、素早く成果が出せます。別の局面に応用することもできます。

逆に、消費者として騙されなくなるというメリットもあります。通販カタログやインターネットショップ、健康食品、ダイエット、学習教材など、さまざまな商品のセールスにこの６つの法則が巧みに使われています。

「あ、これは返報性を使ってる」

「これは権威を使ってる」

「これは希少性だな」

そんなふうに情報を賢く見分けることができます。ですから、この6つの法則を知ることは騙されない消費者になるためにも必要なのです。

▼**『影響力の武器』ロバート・B・チャルディーニ**著　**社会行動研究会**訳（誠信書房）
消費者は自分の意思でモノを買っているように見えますが、実は買わされているのです。消費者が思わず買ってしまうトリガーを社会心理学者の著者が解明してくれています。人の心を動かすポイントを具体的に解説した本です。

22

NLP

心理療法で実証された問題解決メソッド
相手の心理を理解して信頼関係を築く

これができる！

- 人間関係がよくなる
- 短期間で信頼関係を築ける
- 仕事を円滑に進められる

▼NLPを学ぶことで自分自身が変わった

私が「NLP（神経言語プログラミング）」を学んだのはコーチングを学んだあとのことです。プロコーチとなり、コーチングスクールを経営するようになるなかで、コーチングと同じようにコミュニケーションスキルとして学ぶ必要があると思いました。

NLPを理解することで、自分自身が変わっていくのです。さまざまな出来事や周囲の人々に対する受け止め方が変わりました。社員に対する接し方も変わりましたし、職場の人間関係も良好なものになっていきました。人前で話すときにも、信頼関係が作りやすくなったように感じます。

ビジネスは人間関係で成り立っています。ですから、人間に対する理解を深めることが大事です。そのうえでＮＬＰは役立っています。

ＮＬＰは人間の心理に対する深い理解に立脚した心理学です。

カリフォルニア大学で研究された心理学

ＮＬＰとは、Neuro（神経・五感）、Linguistic（言語）、Programming（プログラミング）の略で、「神経言語プログラミング」と翻訳されます。１９７０年代にカリフォルニア大学で研究が始まった心理学で、感情、思考、行動をコントロールしたり、他者に対する影響力を高めたり、短期間に信頼関係を築いたりするスキルのことです。

ＮＬＰは、３人のカリスマ心理療法家を研究して完成されました。その３人とは、ゲシュタルト療法のフリッツ・パールズ、家族療法のヴァージニア・サティア、催眠療法のミルトン・エリクソンです。彼らの「言葉」や「非言語」の使い方、そして「無意識の活用の仕方」を科学的に分析・体系化し、ノウハウにまとめたものがＮＬＰです。今では、セラピーやカウンセリングはもちろん、ビジネスや医療、スポーツの世界でも活用されています。

NLPのテクニックで仕事を円滑にすることができる

たとえば、NLPのトレーニングに次のような方法があります。「今日はいいお天気ですね」といった簡単な文章を3種類の感情で言ってみるのです。幸せそうに言ってみたり、脅すように言ってみたり、皮肉を込めて言ってみたりします。相手が実際にどんな感情を受け取ったかを話し合います。同じ言葉でも、伝え方次第で、相手の受け取め方が大きく変わることがわかります。

コミュニケーションは話した言葉以上のものです。言葉は表現の一部にすぎないことをNLPで学びました。ボディ・ランゲージや声のトーンなどもコミュニケーションには重要だということです。

また、コミュニケーションにおいてはラポール（心が通じ合う信頼関係）が重要です。相手とラポールを築くには、尊敬と配慮を保ちながら、相手のボディ・ランゲージに合わせてることが効果的です。

その際に有効なのが、**「ミラーリング」**というテクニックです。相手のボディ・ランゲージに合わせてダンスをするように、呼吸を合わせて腕や手の動きを真似るのです。声の高さや速さをマッチさせることもラポールを得る方法として有効です。相手とラポールを築いた関係は仕事を円滑にします。

相手のペースに合わせたのちに、今度はあなたがリードすればいいのです。それを成功させるためには、相手によく注意を払い、相手の動きや言葉に反応する柔軟さがなければいけません。ＮＬＰはコミュニケーションの武術だと言われるゆえんです。

▼自分自身の問題を解決する手法としても使える

ＮＬＰで学んだ問題解決のテクニックに**「リフレーミング」**というのがあります。これは枠組みを変えることです。リフレーミングには状況と内容の２種類あります。

「状況のリフレーミング」は、自分に対して、ネガティヴな感情を持っているときに役立ちます。たとえば、「私はあまりに優柔不断でダメな人間だ」「三日坊主ですぐに諦めてしまう性格を変えられたらいいのに」など、ネガティブな感情にとらわれたときに、まず自分はどのような行動をして、そう感じるようになったかを考えてみましょう。

そして、こんな自問をしてみるのです。

「三日坊主が役立つ状況はないかな」

「優柔不断さが重宝されるのはどこだろう?」

つまり、別の状況だったら、その行動は役に立つかもしれない、というふうに枠組みを変えるのです。

「内容のリフレーミング」は、「私は人に指示されると腹が立つ」というような場合に役に立ちます。この場合、「指示される」ということの意味を考えるのです。

「指示されるとは他にどういう意味になるだろうか？」

「指示されることのプラスの価値は何だろう？」

と自問してみましょう。「指示される」ということを、進むべき道を教えてくれているという意味でとらえれば、ありがたいことだと思えます。自分で考えなくてもいいので楽だと思うこともできますし、まずは指示通り真似てみて、そののちに自分なりに創意工夫してみればいいアイデアが出るかもしれないと前向きにとらえることもできるのです。

他にもＮＬＰには有益なテクニックがたくさんあります。コミュニケーションや人間関係、自分自身のことで悩んでいる人はぜひ学んでほしいと思います。

▼ＮＬＰの手法は人間関係全般に応用できる

ＮＬＰの手法は人間関係全般に応用できます。家庭でも交友関係でも、何でも使えます。

ＮＬＰというと相手をコントロールするイメージが強いですが、ＮＬＰはあくまでも中立です。

なお、ＮＬＰは、自分を変えるツールとしても役立ちます。なぜなら、自分の考えを掘り下げるようになるからです。たとえば、「犬を見て怖がるのはなぜなのか、それは小さいころ犬に噛まれた経験があり、それが条件反射のようになったのだ」などと原因を考えるようになります。すると、人に対しても、「なぜ、この人が嫌いなのか」「なぜこの人が好きなのか」と考えるようになります。すべてに原因があることを知り、それを考えるようになるからです。

▼『**ＮＬＰのすすめ**』**ジョセフ・オコナー、ジョン・セイモア**著　**橋本敦生**訳（チーム医療）

本書はＮＬＰの入門書であり案内書となっています。医師や臨床心理士、カウンセラーらのための本ですが、一般人にとっても「実にわかりやすい」実用的なものです。本書の出版後、日本でＮＬＰを学ぶ人が急増しブームが起こるほど広まっていきました。

23

対人スキル

複雑な対人関係をスッキリ整理する

人間関係「超」整理法

これができる！

- 悩まなくなる
- 対人関係がスッキリする
- 誰かのために役立ちたいと願う

▼多くの人に影響を与えたアドラー心理学

私は大学で心理学を学んでいましたが、イマイチ、ピンときませんでした。「どうすれば幸せに生きることができるのか？」という命題に心理学は明確に答えてくれなかったからです。

世の中には嘘があふれているとも思っていました。「あなたのためだから」といって説教をする人の大半は、自分の立場から自分の都合のいいように発言しているだけだと感じていました。そして、こちらを思い通りに変えてやろうとしています。その結果、多くの人が迷い、悩んでいると考えていました。

その後、社会人になって、今度は自己啓発本をたくさん読みました。デール・カーネギーやスティーブン・コヴィー、リチャード・カールソンなど。そこからは、幸せになるためのヒントをたくさん見出すことができました。後日、これらの思想の多くが、実はアドラーの心理学をベースにしていることを知って驚くとともに、大いに納得しました。アドラーは当時、日本ではあまり注目されていませんでしたが、多くの思想家や哲学者、心理学者らに影響を与えていたのです。

▼他人の目や評価を気にして動けずにいる人たち

私は日々、多くのビジネスパーソンの相談を受けています。「転職したい」と言いながらいつまでもしない人、「独立したい」と言いながらできない人、彼ら彼女らは、動かない理由を巧みに語るのです。そこには何があるのでしょうか?

他人の目や評価を気にして、動けずにいる人が非常に多いように思います。某メーカーの営業マンのAさんは、上司に「誉めてもらえない」「認めてもらえない」「わかってもらえない」と悩んでいました。それでコミュニケーションのセミナーに参加して何とか改善しようと努力していました。

しかし、このことをアドラー心理学に照らし合わせてみると状況が大きく変わります。たとえば、自分を誉めるかどうかは相手が決めることですから「他人の課題」です。自分ではどうすることもできません。どうにもならないことは気にしないことです。他の人に認めてもらおうとするから疲れますし、ついつい悩んでしまいます。自分の人生の責任は自分で負うしかないのです。

Aさんはこのことに気づいてから気持ちが楽になったといいます。転職しようという気持ちもなくなり、仕事に身が入り、結果的に仕事のパフォーマンスが上がり、評価されるようになりました。他人の目や評価を気にしているとちっとも認めてもらえなかったいままでと異なり、逆に評価を気にしなくなると評価されるようになるという皮肉な結果になったのです。

▼対人関係の悩みがスッキリとする

アドラーは「すべての悩みは対人関係の悩みだ」と断言しています。複雑な対人関係で悩んだりイライラしたりするのは人の世の常ですが、アドラーの心理学を勉強しているとスッキリ解決することがあります。

アドラーは「まず課題を分離せよ」と言っています。これは誰の課題なのか、最終的に誰が責任を引き受けなければいけないのかを考えろというのです。たとえば、母親が子どもに「勉強しなさい」とガミガミ言って衝突することがあります。この場合、勉強は誰の課題でしょうか？　もちろん、勉強は子どもの課題です。そのように「課題の分離」ができたら、次は「他者の課題に介入しないこと」あるいは「自分の課題に他者を介入させないこと」だとアドラーは言います。

それでは「放任じゃないか」という反論があるかもしれません。「勉強しない子どもを放っておいてもし成績が下がってしまったらどうするんだ」という不安が出てきます。しかし、手出し、口出しするのは簡単ですが、子どもから頼まれもしないのにやってしまうのは依存心を強める結果になるだけです。本人の課題は本人の責任で解決しなければいけません。

ただ、本人からの依頼があれば共同の課題にすることができます。しっかりと話し合って、共同の課題にしていくことが必要でしょう。そうすれば、ほとんどの対人関係の悩みがスッキリします。

▼幸せに生きるために必要なこととは?

アドラーは幸福に関しても明確に答えています。幸せには「自己受容」「他者信頼」「他者貢献」のどれひとつとして欠くことはできません。他の人に貢献できる自分が受け入れられるのであり、貢献するためには他の人を信頼できていなければいけないからです。大切なのは何が与えられるかではなく、与えられたものをどう使うかなのです。

「天職が見つからない」「起業したいが何をしたらいいかわからない」といった相談を受けることがあります。そんなとき私は、アドラーの心理学を紐解いて「どうしたら世間のお役に立てるかを考えてみてはいかがですか?」と答えるようにしています。「人のため」ではなく、自分が成功するために「お役に立てること」を考えるのです。

野球が大好きという人がいました。それで、自分がお役に立てることは何だろうと考えて、地域の子どもたちに野球を教えるコーチをかってでたそうです。そうすると、自然とお金が入ってくるようになったといいます。

起業も同じです。「誰かのために役立つことをしてあげたい」という考え方の人は成功しますが、「これだけやったのだからこれだけください」という人は失敗します。「社会が何を与えてくれるか」ではなく、「自分が何を与えられるか」を考えることです。そうすれば、自分のなかでの所属感が高まり承認欲求も満たされます。「自己受容」「他者信頼」「他者貢献」の3つがセットで得られ、幸せを感じることができます。同時にビジネスもうまくいくのです。

岸見一郎
アドラー心理学入門

▼『**アドラー心理学入門**』**岸見一郎**著（ベストセラーズ）
アドラー心理学の本格的な入門の書です。アドラー心理学の基礎理論はもちろん、アドラーはどんな人だったのか、人間関係と健康、育児と教育、人生の意味など哲学書としても読めます。著者は『嫌われる勇気』などアドラー心理学の本を多数執筆している哲学者。

24

人間関係術

対人ストレス一発解消法
ほんの少し自分を変えて対人関係の悩みを解消する

これができる！

- 人間関係が改善する
- ストレスに悩まなくなる
- 他者との接し方が変わる

▼職場の環境は改善し定着率が向上した

私は2006年に会社を設立しました。開業当初は会社の人間関係が悪く、ストレスであふれていました。

私は「仕事に文句があるのは無能な証拠、辞めたい人は辞めればいい」と考えていました。経営者がそんなですから、社員の定着率も最低でした。

私がそんなでしたから、社員たちも「辞めていく人たちは、能力もないのに給料をとっていた人たちだ」と思っていました。そんなふうに思っている者同士が一緒に働いてもうまくいくわけがありません。

定着率の低さが業績に悪影響を及ぼすようになったころのことです。ついに、メンタルを患う社員が現れました。これがきっかけになり、私は目を覚ましました。

そんなとき、ある社長が「一発で対人ストレスが解消する方法があるよ」と言って教えてくれたのがこの対人スキルです。これは当時、経営者仲間の間で話題になっていたスキルで、私も藁にもすがる思いで学びました。

おかげで、職場の環境は改善し、定着率は極めて高くなりました。それに比例して、業績も改善しました。さらに、家庭内の人間関係まで良好になったのです。

▼一発で人間関係が改善した例がたくさん

こんな事例があります。外資系証券会社勤務のBさん（40歳）はきわめて優秀なのですが、いつも人間関係を理由に転職を繰り返していました。はじめは意気揚々と働くのですが、数か月もすると職場の人間たちを罵倒して辞めてしまうのです。優秀なだけに、すぐに次の職場が見つかるのですが、あまりにも転職を繰り返すので、転職市場ではジョブホッパー（転職を繰り返す人のことで、採用担当者に忌み嫌われる存在）と見られるようになりました。これではマズいと思ったB氏が私のところへ相談に来たのです。

そこで、私はBさんにこのスキルをおススメしました。Bさんはすぐに自分の「自己欺瞞」に気づき、深く反省してくれました。それ以来、Bさんは職場で良好な人間関係が保てるようになり、いまでも同じ会社に継続して勤務しています。

この対人ストレス一発解消法はかなり強力です。一発で人間関係が改善した例が他にもたくさんあります。

▼「相手のために何かをしてあげたい」という思いに従うだけ

このスキルのキーワードは「自己欺瞞」です。「自己欺瞞」という言葉の意味は、自分で自分の心をあざむくことですが、アメリカ、ソルトレイクシティに拠点を置く研究所「アービンジャー・インスティチュート」では「自分の小さな箱に入っている」と呼んでいます。

相手のために何かをしたい、するべきだと思いながらそれをしないままでいることは、自分に対する裏切り行為です。そんな自分を正当化するために、人間は「相手が悪い」と思い込むようにできています。これが自己欺瞞です。会社の設立当初、私が陥っていた状況がまさにそうです。

自己欺瞞に陥ると人間関係が悪化します。自分が正しくて、相手が悪いことの根拠を集めることに気持ちが奪われていくのです。しかも、この自己欺瞞は、細菌のように周囲にも感染します。これは、私のまわりの社員たちも、私と同じ考えを持っていたことに似ています。

自己欺瞞に陥ると、関係は悪くなるばかりです。

「君のことを大切に思っているよ」

といくら口でいいことを言っても、その欺瞞はすぐに見破られてしまいます。

大事なのは心です。「相手のために何かをしてあげたい」という思いに素直に従いさえすればいいだけです。そうすれば、自己を正当化する必要はなくなります。相手に悪意を持つこともなくなり、良好な人間関係が保てるのです。

仮に、人間関係が改善できなかったとしても、自己欺瞞に陥るメカニズムを理解していれば、ストレスで悩むことは防げます。

▼自己欺瞞に陥ってしまうメカニズム

人が自己欺瞞に陥ってしまうメカニズムはこうです。たとえば、入社した当初は誰もが

「最善を尽くして働こう」という感情を持っています。ところが1年もするとその感情はすっかり変わってしまうのです。

私たちは自分の感情を選択することができます。「最善を尽くして働こう」という感情を尊重するか、背くかです。1年後もその感情を尊重していれば、あなたは意欲的に働き、箱の外にいることができます。

しかし、背いた場合、それは自分への裏切りになるのです。そのとき、自分の気持ちを正当化するために、同僚や上司や会社に対する考え方のほうを歪めてしまいます。そして、「ひどい管理職」「ひどい職場」「思いやりのない同僚」と見るようになってしまいます。

さらに、自分自身のことは「自分は被害者だ」「自分はいい社員だ」と正当化しようとします。これが自分の箱に入った状態です。この状態になると、自分を正当化するために外とのバトルが始まるのです。そして「積極性が欠如したり」「問題を引き起こしたり」します。

会社を非難したり、上司を攻撃したりしているとき、その原因は相手ではなく自分にあるのです。箱のなかにいるか外にいるかの違いは、行動よりも深いところにあります。行動だけでは箱の外に出ることはできません。

大事なことは、他者のために自分に何ができるかを常に考えることです。ただし、考えたからといって、それをすべて実行する必要はありません。思うように人の手助けができない場合もあるのですから。自分にできる範囲で精一杯のことをすればいいのです。

▼1対1の人間関係に生かすと効果的

このスキルは1対1の人間関係に生かすこともできます。とりわけ夫婦関係にはてき面に効果が出ます。夫婦は家事の分担などで利害が対立しやすいうえ遠慮もしないので、お互いに罵り合うほどに関係が悪化する傾向があります。

夫婦関係が、その他の関係へ大きく影響を及ぼすこともあります。子どもとの関係、職場の仲間との関係などです。

幸い、1対1の関係は劇的に変化します。特に夫婦は毎日同じ屋根の下で暮らしているわけですから、効果はすぐに出てくるでしょう。

初対面の人においても効果は絶大です。たまたまカフェで隣に座った人や、電車で同じ車両に乗り合わせた人に対しても、自己欺瞞を捨てて箱の外にいることを心がけていけば、好意的な感情が持てるようになり、対人ストレスから解放されます。

▼『自分の小さな「箱」から脱出する方法』アービンジャー・インスティチュート著　**金森重樹**監修　**冨永星**訳（大和書房）

著者は哲学者T・ウォーナーが創設メンバーに加わっている異色の集団。組織内の人間関係の諸問題を解決することによって収益性を高めようという独自のマネジメント研修やコンサルティングを行っています。その集大成が本書です。

人付き合い

25

周りから圧倒的に応援される人間になる

じぶん応援団作り

これができる！

- 相手のために行動できる
- 見返りだけを求めなくなる
- 人のために尽くせる

▼成功したいならギバーを目指して行動すること

ビジネスで成功するかどうかのカギは、応援される人間になれるか否かです。自分よりも優秀な人に応援されれば、自分が作るよりも素晴らしい商品やサービスを作り出すことができます。お金がなくてもお金持ちに応援されれば、融資を受けたり、投資してもらうことも可能になります。人から応援されるということは、それほどパワフルなことなのです。

しかし、私たち凡人が、どうすれば応援される人間になれるのでしょうか？

人との関わり方には3つのタイプがあります。

①他人を中心に考え、自分が払う犠牲はあまり考えず、見返りを期待せず相手を助ける（**ギバー**）。
②自分が与えるよりも多くの見返りを受け取ろうとする（**テイカー**）。
③「与えること」と「受け取ること」のバランスをとろうとする（**マッチャー**）。

このなかで最も人に応援されるのはどのタイプでしょうか？

答えは間違いなくギバーです。成功するのは、まず相手の利益を考えて行動するギバーなのです。

▼ギバーたちとは長いお付き合いになっている

私のところに相談に来る人たちも、大きくこの３つのタイプに分かれます。「相談したいことがあるんです」といって、ちゃっかり無料で仕事のノウハウや情報や私からの支援を引き出そうとする人がいます。いわゆる「テイカータイプ」の人です。こういう人に対しては、警戒しますし、あまり関わりたいと思いません。おそらく、多くの人がそう思っています。結局、このタイプの人は、残念ながら成功することができません。

6-01図 新しい人間関係

▶3つのタイプに分けて観察してみた

ギバー

「タダでもいいから、何かお仕事をさせてください」といって私のところへやってきて、ホントにタダ働きをしてくれる人。スキルを身につけていき、メキメキ上達していく。

テイカー

「相談したいことがあるんです」といって、ちゃっかり無料で仕事のノウハウや情報や私からの支援を引き出そうとしている人。

マッチャー

「何でもいいから仕事をください！」と言ってくるので、お願いしてみると、額面通りの請求書を送ってくる人。

成功するのは、まず相手の利益を考えて行動するギバー。ギバーのほうが最終的には成功する。

一方、「何でもいいから仕事をください」と言ってくるので、「それでは」とお願いすると、きちんと仕事をして、額面通りの請求書を送ってくる人がいます。まあ、仕事ですから当然のことですが、こういう人は「マッチャー」です。こちらも通り一遍のビジネスライクなお付き合いになります。

ところが、ごくまれに「ギバー」の人がいます。そういう人は、「タダでもいいから、何かお仕事をさせてください」といって私のところへやってきます。そして、本当にタダ働きをして、スキルを身につけていきます。会社に十分貢献してくれるようになれば、当然貢献に見合った報酬を支払うようになります。いつしか会社にとって欠かせない存在になり、やがて相場の何倍もの報酬を支払うようになっていきます。

このようにギバータイプの人とは長いお付き合いになっています。結果的に私が一番お金を支払っているのは、はじめは「ギバー」として接してきた人たちです。つまり、ギバーのほうが最終的には成功するのです。

▼自分自身がギバーになれる分野で仕事をする

私は自分がギバーであると自信を持って言えるレベルではありませんが、ギバーでありたいと常に思っています。

「起業したい」という人たちの相談に乗るのは好きですから、時間を惜しまず、そういう人たちと接しています。

メールマガジンも無料で10年以上書いています。「ビジネス書の魅力を伝えたい」という思いでメールマガジンを続けているのですが、この分野ではギバーといえるのではないでしょうか。

そういう意味では、私はギバーになれる分野を自分で見つけて実践しているといえます。そして、いつしかこの分野をビジネスにしています。

私は自分自身がギバーになれる分野で仕事をしていることを誇りに思うし、幸せだと思います。自分がギバーになれる分野を仕事に選ぶことが大切なのではないでしょうか。

▼ギバーになれる分野にこそチャンスがある

このスキルは起業ネタを見つけるためにも役立ちます。

「起業したいんですけど、何をすればいいかわかりません」という人に私はこんなアドバイスをしています。「これまでタダでやってきて喜ばれたことはありませんか?」と尋ねるのです。それを起業ネタにできた人は、間違いなくうまくいきます。

電気メーカーにお勤めのDさん（52歳）は、若いころからバドミントンが大好きでした。これまで学生や社会人に無償でバドミントンの指導をしてきたといいます。まさにギバーとして与える行為を長年続けてきたわけです。

そこでバドミントンのスクールを開校しました。入校者は順調に集まり、Dさん氏の起業はうまくいったのです。好きなバドミントンを仕事にしていますから、毎日が楽しいそうです。

自分がギバーになれる分野にこそチャンスがあります。そして、幸せの秘訣もそこにあるのです。

▼時間に鷹揚になってギバーになろう！

人は助けてもらうと恩に報いたいと思い、お返しの義務を感じます。反対に奪われれば取り返そうとします。だから、受け取りたいものを先に与えれば、より多くの見返りを得ることができるのです。先に受け取って、あとから与えようと考えると、きっとあなたの期待は裏切られます。

人を助けることでその評判が広がります。そして、巡り巡って自分が助けてもらえるわけです。まさに「情けは人のためならず」です。

では、どうすればギバーになれるのでしょうか？

今日から自分はギバーになるぞと決意して、いくら努力しても、いきなり営業成績がトップになったり、職場の人間関係が改善されたりはしません。「与える人が成功する」というロジックは現象として起きるまでに時間がかかるのです。「即効性」や「確実性」を求める人はギバーにはなれません。

ペンシルベニア大学ウォートン校のアダム・グラント教授は、「時間的に鷹揚な人でなければギバーにはなれない」と言います。ギバーにとって恩恵は「思いがけず来るもの」であって、事前に期待したり損得勘定したりするものではないのです。

▼『GIVE & TAKE』アダム・グラント著 楠木建監訳（三笠書房）

世界中の人々の「働く意義」を変えたと賞賛された大ベストセラー。本書は「与える人」こそ成功する時代だと訴えます。著者は世界ナンバーワンのビジネススクールであるペンシルベニア大学ウォートン校の史上最年少の終身教授。

第7章

人を動かしチームで成果をあげるマネジメント法

マネジメント法

マネジメント

26

マネジメントの原理

一人ひとりの個性を生かし、組織の問題解決に貢献する

これができる！

- マネジメントの基本がわかる
- マネジャーの資質を理解できる
- 普遍的な原則を知れる

▼ドラッカーでマネジメントの原理原則を学ぶ

私は管理職になったとき、ドラッカーを読みあさったことがあります。管理職になった以上、しっかりとマネジメントの勉強をしようと思ったのです。そして、「経営書といえばドラッカーだ」と思い、ドラッカーの関連書を読んでいきました。

マネジャーになっても、マネジャーとはいったい何なのか、何をすべきなのかが、まったくわかっていませんでしたが、ドラッカーを学ぶうちに、マネジメントに関する定義が明確になっていきました。

さらに、マネジャーが学ぶべきスキルを、①**意思決定**、②**コミュニケーション**、③**管**

理、④**経営科学**の４つにまとめてもらったことで、自分の学ぶべき方針が決まったように思います。

ドラッカーは抽象的でわかりづらいという声をよく耳にします。たしかに抽象的ですが、それは原理原則を語っているからです。ドラッカーが「基本と原則に反するものは例外なく破綻する」と言っている通り、原則を学んでおかなければ大変なことになってしまいます。原理原則を理解し習得しておけば、どんなに時代が変わっても、職場や業種が変わったとしても、うろたえることはありません。

▼変化の激しい時代だからこそドラッカーを学ぶ

交通系の会社に勤務する私の知人のＤさん（42歳）がドラッカーとの出会いをこう語ってくれたことがあります。

「マネジャーになるための経営書をたくさん読みましたが、どれも小手先の話ばかりでした。部下に対するコミュニケーション方法とか、モチベーションアップの方法とかです。しかし、そういう小手先のテクニックはすぐに古くなります。ドラッカーの『マネジメント』では、マネジャーの定義、役割、資質、技能、それを理解するために必要な、企業、事業、戦略、経営者などの定義を学ぶことができました。そのことで、昨今のビジネス書も体系的に理解できるようになりました」

変化の激しい時代です。昔のテクニックやスキルが通用しなくなっています。そんなとき、最新のテクニックやスキルを身につけたとしても、すぐに古くなって使えなくなってしまうでしょう。

激動の時代には、原理原則を学ぶべきです。ドラッカーはまさに、マネジメントの原理原則を学ぶにはもってこいの対象です。

あらゆる経営書のベースになっているのもドラッカーです。多くのビジネス書も、ドラッカーがベースになっているので、これを知っていると理解が早くなります。

▼マネジメントの３つの役割とは？

ドラッカーはマネジメントをこう定義します。「マネジメントとは、組織の機関である。組織とは、社会的な機能を果たし、社会に貢献するための社会の機関である」

さらに、マネジメントには次の３つの使命があるとドラッカーは言っています。

①マネジメントは組織に特有の使命、すなわちそれぞれの目的を果たすために存在する。
②マネジメントには仕事を通じて働く人たちを生かす役割がある。現代社会においては、組織こそ、一人ひとりの人間にとって、生計のカテ、社会的な地位、コミュニティとの絆を手にし、自己実現を図る手段である。当然、働く人を生かすことが重要な意味を持つ。
③マネジメントには、自らの組織が社会に与える影響を処理するとともに、社会の問題の解決に貢献する役割がある。

▼マネジャーに必要な資質とは？

マネジャーが組織を動かします。優秀なマネジャーの存在が組織の存亡を握っているといっても過言ではないでしょう。

イギリスが２００年にもわたってインドを支配した背景には何があったのでしょうか。インド総督府の要員は最盛期の19世紀後半でさえ１０００人を超えませんでした。ほとんどが20代の若者です。特に頭のいいわけでもない若者１人が、特別な訓練も経験もなしに、面積や人口においてヨーロッパの小国に匹敵する地域を治めました。優秀なミドルマネジャーたちの輝かしい功績です。
どんな会社でも組織でも、優秀なマネジャーがいるかどうかで決まるのです。
そして、マネジャーの仕事は次の5つです。

①目標を設定する
②組織する
③動機づけとコミュニケーションを図る
④評価測定する
⑤人材を開発する

こうした仕事を効率よく実行できる優秀なマネジャーはどう育成すればいいのでしょうか。マネジャーにどうしても必要な資質とは何かをドラッカーは語っています。1つだけあるというのです。後天的に獲得することのできない資質、そして、マネジャーとしてははじめから身につけていなければいけない資質です。それは才能ではありません。

真摯さです。

マネジャーはドラッカーをしっかりと学んで理解しておけば、自分がやるべきことが見えてきます。また部下をマネジャーとして育成するうえでドラッカーの原理原則は大いに役立ちます。

▼**『マネジメント【エッセンシャル版】』ピーター・F・ドラッカー**著　**上田惇生**編訳（ダイヤモンド社）
ビジネス界や経済学などに多大なる影響を与えた名著。ドラッカーは「分権化」「目標管理」「経営戦略」「民営化」「顧客第一」「情報化」「知識労働者」「ＡＢＣ会計」「ベンチマーキング」「コアコンピタンス」など、マネジメントの理念と手法を考案し発展させました。

27

部下の管理

1分間部下管理法
小まめにコミュニケーションをとり部下の成果をあげる

これができる！

- 部下と蜜な関係を築ける
- 短時間でマネジメントができる
- 理想のチームが作れる

▼部下が期待外れだと思っていませんか？

部下を上手にマネジメントできたらどんなにいいでしょう。しかも、指示を出す時間が短時間で済んだらなおのこといいですよね。

毎日、部下たちはイキイキと働き、ドンドン結果を出していき、必要なスキルも部下が自主的に学び、上司を追い越す勢いで成長していきます。いつのまにか、精鋭部隊が出来上がり、どんなに困難な仕事でもチームで乗り越えていくのです。

苦しいことがあっても部下たちは誰も逃げ出しません。むしろ、苦難に喜んで立ち向かうのです。そして、1つのプロジェクトをやり終えたとき、部下も上司も一緒になって抱き合い、涙を流す、そんなチームができたら最高ですよね。

しかし、現実は、そう簡単ではありません。

多くの会社で上司は「部下が期待外れだ」と言っています。そして、部下は「上司に評価されていない」と思っています。つまり、双方の期待が伝わっていないのです。

▼コミュニケーションを密にとっていたら回避できた問題

こんな話があります。ある教育会社でのことです。その会社は、同業他社で実績をあげた優秀な人物をヘッドハンティングし、役員として採用しました。そして、１つの事業部を任せたのです。

しかし、しばらくたって本人が不満を漏らすようになります。「事業部の業績を上げたのに、ちっとも評価されない」という不満です。一方、経営者は「私の後継者として採用したのに、事業部のことしか考えられない、視野の狭い奴だ」と評価していました。

結局、彼は解任されたのです。

双方がもう少しコミュニケーションを密にとっていたら回避できた問題です。

こうした問題が、多くの職場で頻発しているのではないでしょうか。

▼「1分間部下管理法」の3つのポイント

私が「1分間部下管理法」と出会ったのは、社員を大量採用し、マネジメントに悩んでいたころです。ガチガチに管理してしまうと窮屈ですし、こちらも時間をとられてしまいます。かといって、放任主義で好き勝手にさせていると業績が下降してしまうかもしれません。

いろいろ悩んでいるとき、人に薦められたのが『1分間マネジャー』です。この本に書かれているスキルが「1分間部下管理法」です。わずか1分間で部下をマネジメントできる方法があると聞いて急いで学びました。

この「1分間部下管理法」のポイントは3つです。

①「1分間目標」で明確な目標を立てること
②「1分間称賛」で部下の行動を誉めること
③「1分間修正」で達成できなかったときの軌道修正をすること

▼小まめにコミュニケーションをとること

３つのポイントをどう実施するのかを説明しましょう。

「１分間目標」は、まずマネジャーと部下とで、なすべきことは何かを明確にします。そして、その各目標を１つずつ、１ページ以内に書き上げるのです。目標とその達成基準は２５０字以内に収めます。誰もが１分以内に読めるようにするためです。

書いたもののコピーはマネジャーと部下が持ちます。

「１分間称賛」は、部下をまず観察します。そして、部下が正しく行動していたら、その場ですぐに誉めます。握手したり、触れたりして、組織のなかで部下が成功することを援助していると知らせるわけです。

「１分間修正」は、間違ったことを部下がやっていたらただちに修正します。何が間違っているかを具体的に教え、間違いを見てどう感じたかをはっきりとした言葉で伝えるのです。そして、本心から部下の味方であることがわかるよう、握手したり肩に手を置いたりします。たとえ間違いやミスを犯したとしても、部下に好意を持っていることをマネジャーははっきりと言うのです。

要はたった1分でいいから、「小まめにコミュニケーションをとれ」ということです。

7-01図 部下の管理

▶「1分間部下管理法」の3つのポイント

ポイント1 1分間目標

マネジャーと部下とで、なすべきことを明確にし、
その目標とその達成基準を1つずつ、1ページ(250字以内)に書く。

ポイント2 1分間称賛

部下が正しく行動していたら、その場ですぐに誉める。
握手したり、触れたりして、組織のなかで部下が成功することを
援助していると知らせる。

ポイント3 1分間修正

何が間違っているかを具体的に教え、間違いを見てどう感じたかを
はっきりとした言葉で伝える。
部下に好意を持っていることをマネジャーははっきりと言う。

部下たちが見違えるようになるには、「小まめにコミュニケーションをとる」こと。部下をしっかりと観察し、評価を小まめに伝え、部下から成果を小まめに吸い上げる。

「目標設定の時間」「称賛の時間」「修正の時間」、この3つの時間をたった1分でいいので、とっていれば、部下たちは見違えるようになります。そのためには、部下をしっかりと観察し、評価を小まめに伝え、部下から成果を小まめに吸い上げることです。

▼「1分間マネジャー」は子育てにも使えるスキル

このスキルは親子のコミュニケーションでも使えます。一般的に、子育ては箸の上げ下ろしまで口を酸っぱくするマイクロマネジメントになりがちです。しかし、こと細かく指示すると、子どもは「任されていない」「信用されていない」と感じ、逆効果になってしまいます。ですから、子育ても出まかせや思いつきではなく、ちゃんとした戦略が必要なのです。

この「1分間マネジャー」を子育てに活用しましょう。子どもと話し合って、1分で読める目標を1枚の紙に書いてみるのです。勉強の成績でもいいし、クラブ活動の目標でもかまいません。子どもが自分で決めた目標を紙に書いて、お互いに持ち合っておくといいでしょう。

うまくいっていたら誉めるし、いっていなかったら修正します。それも1分間で行動を誉めたり修正したりするのです。それについて親の自分がどう感じたかを話し、握手し、肩に手を置いたりしながら、気持ちを込めて励ますのです。

そんなふうに育てられた子どもの将来がどうなるか想像してみてください。きっと素晴らしい人生を送るはずです。

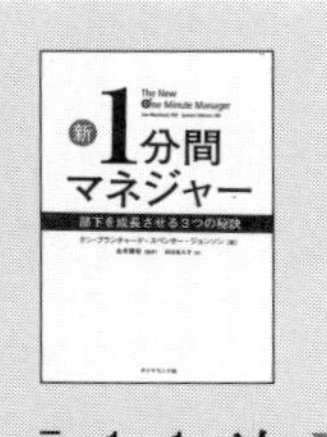

▼**『新1分間マネジャー』**ケン・ブランチャード、スペンサー・ジョンソン著　**金井壽宏**監訳　**田辺希久子**訳（ダイヤモンド社）

1981年に原著の初版が出版されてから、42の言語に翻訳され1500万部も売れたベストセラー。日本でも1983年にベストセラーとなっています。部下を持つ世界中のマネジャーたちのバイブルとなった本です。

28

リーダーシップ

戦略や戦術より「心がけ」で支持されるリーダーになる

心がけ人心掌握術

これができる！

- リーダーの原則がわかる
- 「松下政経塾五誓」がわかる
- 成功の要諦がわかる

▼起業当初に経営の神様の思想を学んだ

私は、会社を設立するにあたり、経営の神様である松下幸之助さんの思想を学ばせていただきました。

「松下政経塾五誓」というのがあります。これを社員全員が共有できたら素晴らしい会社になると思いました。これはみんなで共有することが大事で、リーダー１人だけで思っていても意味がありません。

私の会社のミッションステートメントや憲章にも反映させていただいています。

会社の憲章を全員で毎日読んでいるのですが、時には私自身も、真剣に身が震えるような思いで読むことがあるのです。10回に1回でもそういうことがあると、人は変わっていくのではないかと思います。

いわゆる「心がけ」というものを、こうした言葉の力で培っていくのです。

▼素志貫徹の事

「松下政経塾五誓」の1番は「素志貫徹の事」です。「常に志を抱きつつ懸命に為すべきを為すならば、いかなる困難に出会うとも道は必ず開けてくる。成功の要諦は、成功するまで続けるところにある」とあります。

私の志は、起業家を増やしたいということです。独立したいと願うビジネスパーソンたちの応援団になりたいという思いで起業しました。今もその志を貫いています。

▼自主自立の事

2番目は「自主自立の事」です。「他を頼り人をあてにしていては事は進まない。自らの力で、自らの足で歩いてこそ他の共鳴も得られ、知恵も力も集まって良き成果がもたらされる」とあります。

要は自分が頑張るから人が助けてくれるということだと思います。人をあてにしている人を誰も助けてくれません。

私がやっている起業家支援の活動は、いうなれば、会社にぶらさがっている人をなくすことでもあります。会社や社会にぶらさがっている人が増えると危険な状態になります。社会保障で生活しようとする人が増えると国がおかしくなるのです。

私は、自主自立の心を育てています。起業家を育成することがそれにつながっていると思うのです。仮に会社がなくなったとしても、自分の力で生きていける人が起業家だからです。

▼万事研修の事

「見るもの聞くことすべてに学び、一切の体験を研修と受けとめて勤しむところに真の向上がある。心して見れば、万物ことごとく我が師となる」とあります。

このことには大いに共感しました。成功する人は学び上手です。成功する人は何からでも学びます。何からでも学べる人は、学ぶ機会も増えるので成長も早いものです。

7-02図 リーダーシップ

▶松下政経塾五誓

一、素志貫徹の事

常に志を抱きつつ懸命に為すべきを為すならば、いかなる困難に出会うとも道は必ず開けてくる。成功の要諦は、成功するまで続けるところにある。

一、自主自立の事

他を頼り人をあてにしていては事は進まない。自らの力で、自らの足で歩いてこそ他の共鳴も得られ、知恵も力も集まって良き成果がもたらされる。

一、万事研修の事

見るもの聞くことすべてに学び、一切の体験を研修と受けとめて勤しむところに真の向上がある。心して見れば、万物ことごとく我が師となる。

一、先駆開拓の事

既成にとらわれず、たえず創造し開拓していく姿に、日本と世界の未来がある。時代に先がけて進む者こそ、新たな歴史の扉を開くものである。

一、感謝協力の事

いかなる人材が集うとも、和がなければ成果は得られない。常に感謝の心を抱いて互いに協力しあってこそ、信頼が培われ、真の発展も生まれてくる。

『リーダーになる人に知っておいてほしいこと』より引用

逆に、学べない人は成功どころか、いつまでも同じところをグルグル回っているだけです。セミナーのアンケートを見ていても「今回は自分に合わなかった」「外資系の話だったので日本の会社では通用しないのでは」「経営者の話なので、会社員の自分には役に立たない」など、学べない理由を並べ立てています。学びのチャンスを自分でつぶしてしまっているのです。残念でなりません。

▼志を忘れず常に自問自答するリーダーに

「先駆開拓の事」が４番目です。「既成にとらわれず、たえず創造し開拓していく姿に、日本と世界の未来がある。時代に先がけて進む者こそ、新たな歴史の扉を開くものである」とあります。

５番目は「感謝協力の事」です。「いかなる人材が集うとも、和がなければ成果は得られない。常に感謝の心を抱いて互いに協力しあってこそ、信頼が培われ、真の発展も生まれてくる」とあります。

松下幸之助さんは日本の将来を託すリーダーを育成するために松下政経塾を作られました。塾是には「真に国家と国民を愛し 新しい人間観に基づく 政治・経営の理念を探求し

人類の繁栄幸福と　世界平和に貢献しよう」とあります。そして、塾訓には「素直な心で衆知を集め　自修自得で事の本質を究め　日に新たな生成発展の　道を求めよう」とあります。

松下幸之助さんは、この塾是と塾訓を塾生たちに、百ぺん、毎日唱えてみよと言っていたそうです。常に塾是と塾訓の教えを考え、それを実践していけば、ある日突然、悟りのような気づきがあり、運を引き寄せることを伝えたかったのかもしれません。また、これを常に忘れず、常に自問自答し、身につけて、１００％実行できるような真のリーダーを切望されていたのだと思います。

▼『**リーダーになる人に知っておいてほしいこと**』**松下幸之助**述　**松下政経塾**編（ＰＨＰ研究所）

経営の神様と呼ばれた松下幸之助の「成功の知恵」を集めた書。未来のリーダーを育成するために設立された公益財団法人松下政経塾における述者の約１００時間の講義のなかから厳選された言葉が編まれている貴重な本です。

29

人の動かし方

情熱引き出し型リーダーシップ
人の長所を見つけ相手を自然に動かす

これができる！

- 批判や非難をしない
- 相手の長所に目を向けられる
- 相手の欲求を引き出せる

▼カーネギーと出会って教育の仕事につくことを決意

私はデール・カーネギーの影響を色濃く受けています。彼の著作を読み、人の長所を最大限に伸ばす達人になろうと決意しました。そのために、カーネギーは「誉めることと励ますことが大事だ」と語っています。

また、私は、彼の教えに出会って、教育の仕事につくことを決意しました。実際は教育といっても、小学生や中学生に勉強を教えるのではなく、ビジネスパーソンに独立起業の方法や、それに必要なスキル、コーチングなどを教えています。

私は、カーネギーの言葉を手帳に書いて繰り返し眺めています。スマホの待ち受けにしてもいいですし、メモを持ち歩いてもいいでしょう。とにかく、カーネギーの言葉を繰り返し眺めるといいと思います。そうしないと忘れてしまうからです。

私は年に4回の社員面談の前には、必ず通読するようにしています。そうやって、忘れていたことを思い出してから社員と接するようにしています。

それほど、カーネギーは私に大いに影響を与えた人物です。

▼私たちは他人からの非難を恐れている

カーネギーの考え方はシンプルです。人を動かすポイントとして、原則ともいえるものが3つあると言います。

原則1　批判も非難もしない。苦情も言わない

極悪人でさえ自分が正しいと思っているのです。一般の人たちは自分のことをどう思っているでしょうか。自分はまっとうに生きていると多くの人は思っていることでしょう。

ですから、相手に「自分が悪い」と思わせることは不可能なのです。これを理解できれば、相手を正そうとか、相手を変えようとか、相手をコントロールしようなどという試み

は無駄な時間を費やすだけということがわかります。

より建設的な関係性を築くには、批判や非難をしないことです。私たちは他人からの賞賛を強く望んでいます。それと同じ強さで他人からの非難を恐れているのです。

▼長所を見つけて心からの賞賛を送る

原則２　率直で、誠実な評価を与える

人の持つ性情のなかで最も強いものは、他人に認められたいという欲求です。自己重要感といってもいいでしょう。

無教養で貧乏だったリンカーン青年に発奮させ、なけなしのお金をはたいて法律書を購入させ、猛勉強をさせたのは自己重要感に対する欲求でした。小説家のディケンズに原稿を書かせたのも、ロックフェラーに巨万の富を成さしめたのも、すべて自己の重要感に対する欲求に他なりません。

この自己重要感を満足させてあげることです。そうすれば、相手は喜んで動いてくれます。軽薄なお世辞ではなく、心からの賞賛を送ることです。そのためには、しばらく自分のことを考えるのをやめ、相手の長所を見るようにすればいいのです。そうすれば、安っ

ぽいお世辞を言わなくてもよくなります。

▼相手の心のなかに強い欲求を起こさせること

原則3 強い欲求を起こさせる

こんな話をカーネギーはしています。食べ物の好き嫌いが激しい3歳の子どもがいました。父親はその子が偏食でとてもやせていることを心配していました。

「パパは、坊やにこれを食べてもらいたいんだよ。立派な身体になってもらいたいんだ」

といくら言っても3歳児には理解できません。

実は、この子には強い欲求がありました。この子は三輪車に乗って遊ぶのが大好きなのですが、いつも近所のガキ大将に取り上げられ泣かされていたのです。この子は、いつかガキ大将をこっぴどくやっつけてやろうと決意していました。

そこで父親はこの子にこう言います。

「お母さんのいうものを何でも食べてさえいれば、今に坊やもあの子よりも強くなれるよ」

この言葉で、子どもの偏食はたちどころに消えてしまいました。

まず、相手の心のなかに強い欲求を起こさせることです。これをやれる人は、人を動かすことができます。

▼人間関係全般に応用できるスキル

カーネギーに学んだスキルは、人間関係全般に応用できます。子どものやる気を引き出すこともできますし、夫婦円満に過ごすこともできるのです。

ちなみに、カーネギーは幸福な家庭を作るための７原則も明らかにしています。

口やかましくいわない。
長所を認める。
あら探しをしない。
ほめる。
ささやかな心づくしを怠らない。
礼儀を守る。
正しい性の知識を持つ。

どれも当たり前のようなことばかりですが、決して忘れてはいけないことです。むしろ、このことさえ忘れず実行していれば、夫婦円満で幸せな家庭が築けるのです。

▼**『人を動かす［新装版］』D・カーネギー**著　**山口博**訳（創元社）
原書は、1936年の初版から1981年の間に世界各国での訳書を含めて約1500万部も売れたという空前のベストセラー。もともとは、成人教育の活動のなかで、人間関係の分野のテキストとしてまとめられたものです。

第8章

成功と幸福を導く人生設計術

人生設計術

30

キャリアプランニング

自分を棚卸しして、欠点さえ強みに変える

自分の強み発見法

これができる!

- 自分の強みを活かせる
- 自分の強みがわかる
- 短所を強みにできる

▼強みを築くにはまず自分を知ること

「ストレングス・ファインダー(強み探索システム)」というツールがあります。ポジティブ・サイコロジーの見地から人間性を探るためにウェブ専用に開発された世界初のツールです。180項目の質問に答えていくだけで、自分の強みや資質がわかるというものです。

ちなみに、ポジティブ・サイコロジーとは、健全かつ順調な生活を送るための機能とは何か、という観点から人間の心理に迫る枠組み、パラダイムのことです。

発明者のクリフトンは「強みを築くにはまず自分を知ることだ」と言っています。

私は独立前にこのツールと出会いました。私の場合、「最上志向」「自我」「親密性」「ポジティブ」「目標志向」が強みとなる資質だと出ました。その後、私は会社員を辞め、独立系コンサルタントを経て、今では経営者になりました。仕事が変わるたびに自分の適性に合った仕事をさせてもらっているような気がします。

▼起業ネタを自分の内側から見つける

こんな事例があります。Ｅさん（32歳）は、外資系のＩＴ企業に勤務していました。独立を希望されていて、私のところへ相談にやってきたのです。

ところが、独立起業したいのですが、具体的に何をすればいいかわかりません。いわゆる起業ネタが見つからなかったのです。成功者の話を聞いたり、起業セミナーに出たりしても見つかりませんでした。つまり、Ｅさんは起業ネタを自分の外で見つけようとしていたのです。

そこで、私は自分の強みを生かすべきだとアドバイスし、ストレングス・ファインダーを薦めました。結果「戦略性」「着想」「内省」「分析思考」「未来志向」が強みだと出たのです。この強みを生かす仕事はなんだろうと考えたＥさんは、「コンサルタントを目指します」と言い出しました。その後、中小企業診断士の資格を取得し、今では戦略系コンサルタントとして独立し、成功しています。

つまり、起業ネタを外ではなく、内側に求めていったという好例です。

▼人生の最大の悲劇は強みを生かせていないこと

私たちはどうしても弱点に目がいってしまいます。そして、自分の弱点を克服しようと頑張るのです。それは、おそらく小さいころから学校の先生や両親たちから、苦手科目の勉強をしっかりやるように強いられたことに起因しているのかもしれません。

しかし、弱点を克服するには時間がかかります。いや、いくら時間をかけても自分の弱点など克服できないかもしれません。しかも、その努力はつらく厳しいものになり、嫌で嫌で逃げ出したくなるものです。

ですから、人生を切り開くうえでは、欠点や弱点ではなく、強みに着目するべきだと思います。自分の強みを生かしたほうが楽だし、何より楽しい。得意なことや強みを伸ばして、欠点を凌駕すればいいのです。

世間は懐が広くできています。きっとあなたの特技を生かせる場所があるはずです。人は誰でも持って生まれた才能があります。人生における最大の悲劇とは、傑出した才能を持たないことではなく、強みを生かせていないことです。ベンジャミン・フランクリンにこんな名言があります。「日陰の日時計が何の役に立つのか？」

あなたが役立つ場所へいけばいいのです。そのための第一歩は、自分の強みを知ることです。

▼欠点や弱みも「才能」になる

才能とは持って生まれた特殊な能力だと思っている人が多いのではないでしょうか？

しかし、強みを生かすために必要な才能とは「繰り返し現れる思考、感情および行動パターンであり、何かを生み出す力を持つ資質」のことです。この定義で考えれば、欠点や弱みも、何かを生み出す源泉になれば「才能」ということになります。

たとえば、自己主張できずに人の顔色ばかりうかがう性格が嫌で悩んでいる人がいたとします。「人の顔色をうかがう」というのは発想を変えると「周囲に配慮ができる」ととらえることができます。これは素晴らしい才能です。

相手に合わせて親密な人間関係を築こうとする人は「親密性」という才能を持っていま

す。会議で口論にならないように穏便に済ませようとするのは「調和性」という才能です。仕事中に冗談を飛ばして周囲を笑わせる人は「コミュニケーション」の才能を持っています。

まずはストレングス・ファインダーを使って自分の強みとなる資質を見つけましょう。そして、その資質を磨いて真の強みにしていくのです。

たとえば、「分析思考」という資質が見つかったら、それを磨きます。「分析思考」を磨くには、1つのデータがあったら、そこにパターンと関連性を探し出しましょう。そして、一定のパターンが見つかったら、それが互いにどのように影響するのか、どのように結びつくのか、結果はどのようになるのかを考えて解明していくのです。そうやって磨いた資質は才能へと昇華し、あなたの人生を豊かなものにしてくれるはずです。

▼**『さあ、才能(じぶん)に目覚めよう』マーカス・バッキンガム、ドナルド・O・クリフトン**著　**田口俊樹**訳（日本経済新聞出版社）

才能と強みに関する長年の研究成果をまとめた書。200万人のインタビュー調査から導き出された人間の持つ34の資質や優れた行動パターンなど、ビジネスを成功に導くための個人の強みを見つけるツールとして幅広く活用されています。

31

モチベーションアップ

「やりがい」を作る技術

本当にワクワクできることだけやって人生を活性化させる

これができる！

- やりたいことが見つかる
- やる気が出る
- 人生のバランスをとれる

▼自分のやりたい仕事をどうやって見つければいいのか？

「独立起業したい」と考える人のほとんどが最初に悩む問題があります。それは、何をやればいいかわからないということです。私はいつも起業相談に来る人たちに、「ぜひ、やりたいことをやってください」とアドバイスしています。

しかし、それだけでは誰もそれが見つからないのです。時間ばかりが過ぎていき、悶々としたまま会社員を続けているという人も少なくありません。

どうすれば「やりたいこと」が見つかるのでしょうか？　何とかしてそれを見つけてほしいなあと思い、何かいいものがないかと探していたところで出会ったノウハウが、ソース・プログラムです。

ワクワクすることだけをやっていれば仕事はやってくる

マイク・マクマナスは「ワクワクすることだけをしなさい」と教えてくれます。まず、小さいころの記憶をたどって、何にワクワクしていたかを思い出すのです。好きなこと、夢中になったこと、夢見たことなどをすべて書き出してみましょう。それは、もしかすると半生記のようなものになるかもしれません。

そして、それに基づいて行動計画を立てます。つまり、自分のワクワクを現在の生活のなかに取り入れていくわけです。できる範囲で一歩ずつ取り入れればＯＫ。

そうすれば、人生に活気が出てきます。この活気に引き寄せられて、ワクワクと関係する場所や人々と出会い、ワクワクの時間が増えていき、ワクワクする仕事が向こうからやってくるのです。

「そうしてやってきた仕事は、君にぴったりの仕事のはずだ。君だけに当てはまるユニークなワクワクの集合体から導かれた仕事だからだ」とマイクは言います。

大事なのは、ワクワクに向かって「小さな一歩」を踏み出すことです。

▼ワクワクを行動に移すとワクワクが増大する

私もワクワクを書き出したことがあります。私のワクワクは、「本を読むこと」「文章を書くこと」「人前で話すこと」「モノを売ること」「成果を分かち合うこと」です。現在、このワクワクを日々やっていて、それが仕事になっています。

私が主宰する「週末起業フォーラム」の参加者のお話です。電気メーカー勤務のFさん（30代）は、何がやりたいのか明確になっていない状態でした。それで、なかなか具体的な行動に踏み出せないでいたのです。

そこで、私はFさんに、このノウハウを教えてあげました。するとFさんは仲間とワイワイした雰囲気が好きだということに気づきます。食べ歩きも大好きでした。何より、飲食店のことを考えるとワクワクしている自分を発見するのです。

Fさんのもとに「そうだ、自分でもやってみよう！」というインスピレーションがわき上がりました。そして、会社員を続けながら、まずは小さなお店を開業してしまったのです。今では４店舗を経営するまでになっています。

お会いするといつも「実にワクワクしています」とFさんは目を輝かせて話します。小さなことでもいいので、まずは一歩、ワクワクを行動に移すとワクワクが増大するのです。

やりたいことをやるからやる気が起こる

「やる気」というものは意図して引き起こすことはできません。嫌なことを無理矢理やっていたのでは、やる気など起こるはずがないのです。

もちろん、今やっていることを好きになることも必要です。でも起業するとか、転職するとかを考えているなら、好きなこと、ワクワクすることを考えてみてください。好きなこと、ワクワクすることでこそ、本来持っている素晴らしい力を発揮することができるからです。

本当に好きなこと、本当にやりたいことを仕事にできれば、仕事のストレスはなくなりますし、不満もなくなります。息抜きも不要になります。仕事こそが息抜きになるからです。

人生すべてに使えるノウハウ

ワクワクを書き出したあと、それを実行します。きわめてシンプルなノウハウですが、ひとつだけ、落とし穴があるのです。多くの人はワクワクを実行するとき、優先順位をつけて上位からやろうとします。すると、大事なことが抜け落ちる可能性があります。それが問題なのです。

マイクは「すべてやりなさい」と私たちに教えてくれています。なぜならば、ひとつのことしかやらないでいると、バランスを欠いた生き方になるからです。

バランスを保つためには、マイクは「ソースの車輪」を作成して毎日見るところに貼っておきなさいと言います。その「ソースの車輪」を見ることで、自分にとって何が大切なことなのか、さらには、バランスのとれた生活の重要性を思い出すことができます。

「ソースの車輪」とは、バランスをとるために必要と思われる人生の分野を、放射線状に書き出したものです。まず、中央部には、自分の存在意義を書き込みます。そして、その周りに「自分」「家族」「友人・同僚」「学ぶこと」「社会貢献」「社交」「レジャー」「体の健康」「心の健康」「財政」という10のテーマでワクワクすることを記入していくのです。

これを作ると、毎日、自分が本当にやりたいことだけをする生活に変わります。好きな

8-01図 モチベーションアップ

ソースの車輪に10のテーマでワクワクすることを記入していく

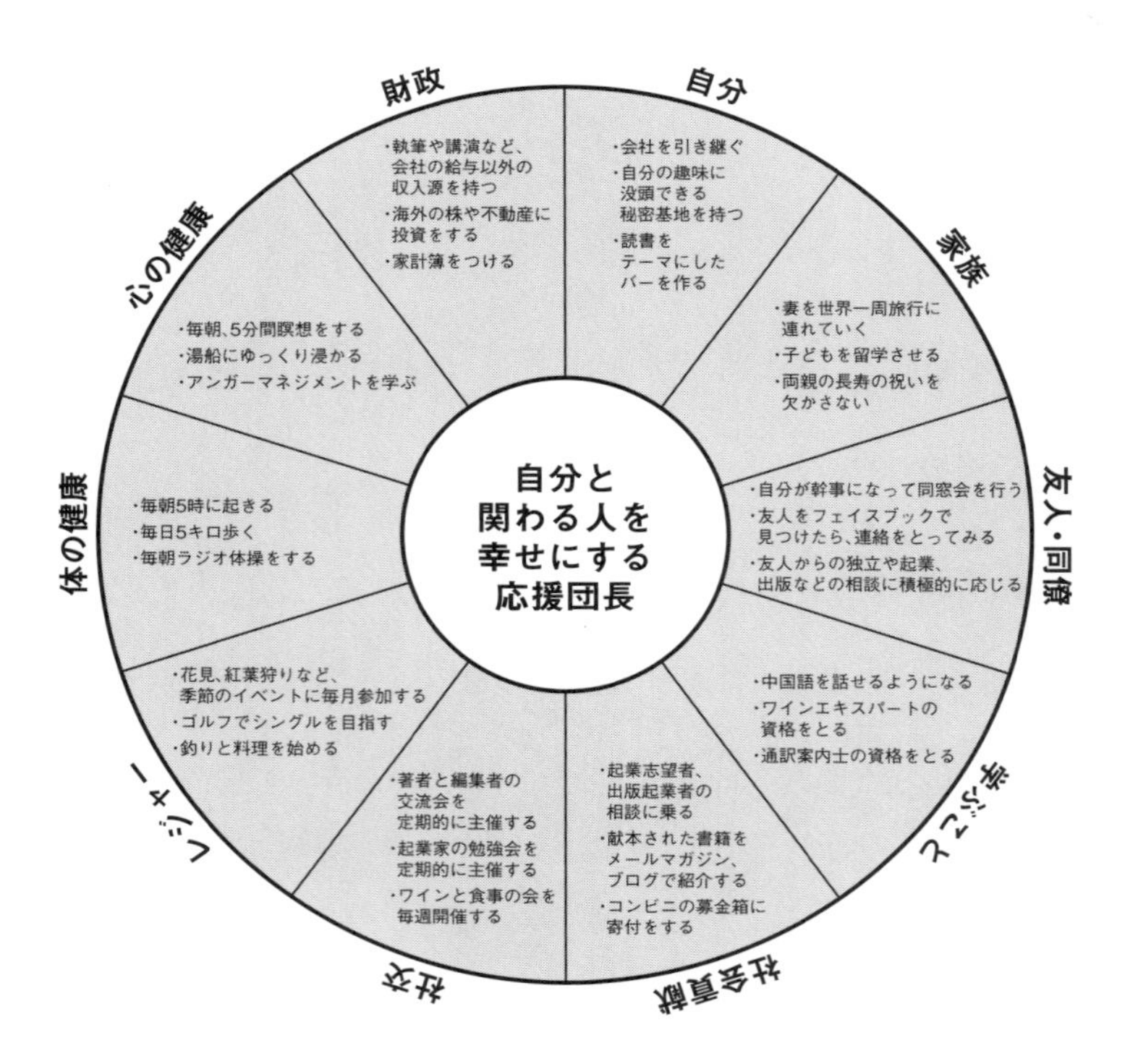

人生においてはすべてが重要。モレがないように車輪を作ってバランスのとれた生活を手に入れる。

ことを残らず実行していると、ワクワクしないことをする時間などなくなり、人生がさらに楽しくなるはずです。

▼**『ソース』マイク・マクマナス**著　**ヒューイ陽子**訳（ヴォイス）
「ワクワクすることだけをやろう」というシンプルで本質的な生き方を提唱する書。著者はワシントン州上院議員だった経験もあり、自分のワクワクを発見して生きがいのある人生を送れるようにサポートする「ソース・プログラム」の普及に尽力した人です。

32

生きがい作り

目の前の仕事に集中して、成功への道を切り拓く

ステップ式成功到達法

これができる！

- 新しいことに挑戦できる
- 他人と同じことをしない
- 今の仕事を楽しめる

▼メールマガジンで大反響となったビジネス書

実は、私も、仕事を楽しんでいない時期がありました。人間関係は最悪、会社の業績も下降気味、気持ちは不安感ばかり。そんなときに、『仕事は楽しいかね？』という本に出会いました。

書評を発信するメールマガジンを始めたばかりのころです。この本のタイトルを見てドキッとしました。手に取って読んでみると「今の仕事を楽しむ」だけでなく、「起業するためのヒント」も詰まっていました。

私のメールマガジンで、この本を紹介したところ、大きな反響がありました。リクルー

トの方から「大変参考になりました」と言われ、それをきっかけに書評のお仕事をいただきましたし、私がこの本を紹介したことで売上もかなりあがったそうです。出版社の方から、丁寧なお礼状をいただきました。

この本がきっかけで、本の選球眼に自信がつきました。

▼人がやっていないことをおもしろがる

私の知人のことです。外資系製薬会社勤務のＭさん（32歳）は、いわゆる「意識高い系」と呼ばれる人でした。「君、それは気をつけたほうがいいよ」と啓蒙的な話し方をしますし、グループディスカッションになるとすぐに中心的な存在になろうとして、自分の意見を一方的に主張する感じの人です。

人生の目標もしっかりと立てていました。それを実現するための計画も詳細に立てています。自分の人生をきちんと管理することこそ、成功の秘訣だと考えていました。そして、次々と資格を取得しスキルアップに余念がありません。はたから見ていると、ちょっと張り切りすぎなんじゃないかと思うほどでした。

あるとき、この本と出会って、Ｍさんはいくら努力して資格をとっても、資格を持っている多くの人のなかに埋もれてしまうことに気づいたのです。こんなことをやっても、望む自分に近づけない、時間が過ぎていくだけだ、むしろ人がやっていないことを、おもしろがっていろいろと試すほうが人生、楽しいんじゃないかと思いました。

その後、MさんはNPO法人に参加して、楽しい人生を送っています。

▼目の前の課題に集中することから開けてくる

ステップ式成功到達法は、「目標は立てるべきではない」と教えます。一般常識では、目標がなければ何も始まらないし、進捗度合いを測ることもできません。目標がなければ軌道修正もできないと考えます。

しかし、目標を立てると苦しくなることがあります。「達成期限までに何とかしなければ」と焦る気持ちも出てきますし、追い込まれるような気持ちになります。もしも期限が過ぎても目標に到達していなかったら「自分には無理なんだ」と落ち込んでしまうでしょう。そんな目標なら立てないほうがましです。

斬新なアイデアや商品は、目前の課題に集中した結果です。たとえば、報告書を提出するという仕事があったとします。そのとき、ただ報告書を書くだけではなく、いろいろとおもしろがって試してみましょう。報告書をペンで書かないとしたらどうなるだろう、重要なところを音声にしてファイルで送ったらどうなるだろう、他社はどうしているんだろう、そんなことを調べたり考えたり試したりしてみることです。そうすれば、新しいアイデアがどんどん出てきます。

ただし、個人的には「目標は立ててはいけない」という意見に懐疑的です。大事なことは、目標を立てて、それに縛られないということではないでしょうか。目標はたまに眺める程度でいいですし、ころころと変わってもいいのです。

▼成功とは人真似をしないということ

成功者の話を聞くと、あたかも成功には決まった道があるかのように思うことがあります。成功者のやり方を真似すれば成功するのだと勘違いするのです。

しかし、小説を研究しても小説家にはなれないように、成功を研究しても成功者にはなれません。成功というのは人真似をしないということです。「これっ」と思ったアイデアが浮かんできたら、どんどん試してみることです。そうやって成功への道が開けていきます。

成功者に近づこうとして資格をとりまくるのも無駄なことです。他人を凌駕する人材になろうとして、他人と同じことをしているからです。それでは、抜きんでることはできません。

大事なことは、他人の真似をすることではなく「明日は今日と違う自分になる」ことなのです。

▼浮かんできたアイデアをどんどん試してみること

世の中は、あなたが準備を整えるまで待ってくれません。世の中の成功者たちは、持つべきものをすべて持ち合わせてから成功したのではなく、成功してから持つべきものをそろえたのです。

「会社を定年になったらやります」という人がいますが、それを言い訳にしている側面があります。「やってみたいな」と思ったら、どんどんやってみることです。事業計画書を書いている暇があったら、小さなところからでいいので、まずは試してみることです。「ああでもない」「こうでもない」と言っているうちに半年、1年と過ぎていきます。だらだら過ごしている時間がもったいないです。どんどん試してみましょう。

この本のなかにこんな言葉があります。

「アイデアをいっぱい持つこと。ありとあらゆることをやってみること。明日は今日とは違う自分になること。そして朝を待ち焦がれる、幸せなサムライの一人になってくれ」

▼**『仕事は楽しいかね？』デイル・ドーテン**著　**野津智子**訳（きこ書房）
仕事で悩む主人公の私が高名な実業家のアドバイスを受けて仕事観や人生観を変えていくというストーリー仕立てのビジネス書です。著者はマーケティング・リサーチ会社の経営者で米国を代表するコラムニストでもあります。

33

人生の法則

バランス人生構築法

会社・家庭・人間関係のバランスをとり幸せに生きる

これができる！

- 自分をコントロールできる
- 考える時間を持てる
- 会社に依存せず自立できる

▼コヴィー博士の原理原則を実践して幸せをつかむ

証券会社勤務のGさん（35歳）は奥様との関係がかなり悪化していました。家にいても奥様の悪いところばかりが目についたのです。毎日、心はザワザワとしていて、精神的にも参っていました。

そんなときGさんはコヴィー博士のノウハウを学んだのです。このノウハウを私は「バランス人生構築法」と名づけています。

Gさんは「バランス人生構築法」を身につけていくうちに、奥様の欠点を指摘しているだけの自分に気づいたのです。そこで、自分がコントロールできる唯一のもの、すなわち自分に働きかけることに専念しました。

まず、奥様を悪く言うことをやめました。さらに、奥様を正そうとすることもやめました。ひたすら素晴らしい夫になることに専念したのです。

奥様の話をとにかく聞くこと、いい聞き役になろうとしました。そして奥様を支えることを考えて実行します。

その結果、奥様の態度も変わっていきました。今では幸せな夫婦になっています。

これはコヴィー博士が言っているインサイド・アウトの原則です。内側から外へと変化していくというパラダイムです。

▼自分には原則がないことを痛感

私は20代のときにコヴィー博士の本と出会いました。アメリカでベストセラーになっていたので思わず購入して読みました。衝撃でした。最も影響を受けたビジネス書といってもいいでしょう。何度も読み返して、今ではボロボロになっています。

読後、自分には原則がないということを痛感しました。生きるうえで中心となる考え方や哲学を持っていなかったのです。

上司に言われるままに与えられた仕事をこなしているだけでした。いうなれば、重要ではないが緊急性の高いことだけに時間を使っていたわけです。

そして、将来のことを考える時間を持つようにしました。「刃を研ぐ」という行為です。今でも自分の誕生日と正月にはじっくりと考える時間を持っています。

「緊急ではないが重要なこと」とは何だろうと考えました。思えば、自分の夢に向かって時間を使っていなかったことに気づいたのです。会社の勤務時間は変えられません。自然の法則のようなものです。

変えられるものは何でしょうか？　何とか、夢を叶えるための時間を捻出しようと思い、見つけたのが朝でした。

毎朝４時に起きて起業のための準備をしたのです。まずは、中小企業診断士の資格の勉強をしました。資格を取得してからは、それを生かして、仕事をするための時間にあてました。

▼インサイド・アウトの原則にのっとって生きる

万有引力と同じように、私たちの生活や人生にも自然の法則があります。その原則を中心にして生きていけば、幸福と豊かさが手に入るわけです。

自然の法則は変えることができません。雨で運動会が延期になって、「ああ、雨が上がればいいのになぁ」と嘆いても無駄なのです。変えることができないことを変えようとするよりも、変えることができることを変えていくほうが早いし、幸せです。

たとえば、解釈を変えることができます。「この雨は恵みの雨だよ」「運動会が延期になったことで、もっと練習ができるじゃないか」と考えれば落ち込むこともありません。常に前向きに進むことができます。

これが内側から変えていくというインサイド・アウトの原則です。

この原則が、私の生き方の中心になりました。

７つの習慣で人生が大きく変化する

人は誰でも1人で生きていくことはできません。つまり、大人になっても誰かに依存して生きています。しかし、いつまでも親に面倒を見てもらっていたのでは自由にもなれないし、幸福などほど遠いでしょう。

赤ん坊は１００％依存して生きています。その後、大きくなっていくにつれて保護状態から脱皮して自立していきます。そして、自立から相互依存へと成長していくのです。

依存から自立へと成長する段階で必要なスキルがあります。それをコヴィー博士は「①**主体性を発揮する**。②**目的を持って始める**。③**重要事項を優先する**」という３つの習慣を実践することで身につけられると言っています。

さらに、自立から相互依存へと成長するためには「④**Ｗｉｎ－Ｗｉｎを考える**。⑤**理解してから理解される**。⑥**相乗効果を発揮する**」の３つの習慣が必要だというのです。

「依存」から「自立」へ、そして「相互依存」へと成長する、すべての過程で、忘れてならない習慣が「⑦**刃を研ぐ**」ということです。切れない包丁で料理をしていたら危ないですから、刃を研ぐということも忘れてはいけません。肉体、精神、知性、社会、情緒、すべてにわたってバランスよく刃を研ぐことです。

▼自立した社会に貢献できる人材になろう

私の会社のミッションステートメントを考えるとき、この哲学をベースにしました。弊社のミッションは、「ビジネスパーソンを会社への依存から自立させること、そして、相互依存へと成長させること」です。いつまでも会社がなくなったときに路頭に迷うようなことでは困ります。必要なスキルを身につけていただき、自立してもらおうとセミナーやスクールを運営しているわけです。自立できれば、さらに会社や社会に積極的に貢献できると思います。

▼**『完訳　７つの習慣』スティーブン・R・コヴィー**著　**フランクリン・コヴィー・ジャパン**訳（キングベアー出版）
30か国語以上に翻訳され世界中で１２００万部を超える記録的なベストセラーとなった書。著者は英国「エコノミスト」誌をして「世界で最も影響力のあるビジネス思想家と評価する」と言わしめたリーダーシップ研修の権威あるコンサルタントです。

第9章

秘めた思いを形にする自己実現法

自己実現法

34

夢実現法

生涯ゴール設定法

明確な計画を立て、協力者を得て願望を実現する

これができる！

- 前向きになれる
- 夢は叶うと確信できる
- 夢へのロードマップを作れる

▼思考が出発点となって夢が叶っていく

成功者のほとんどは無意識のうちにこのノウハウを実践しています。ナポレオン・ヒルの書籍が日本でも大ヒットしたことから、日本でもこのノウハウを意識的に実践して成功する人が次々と誕生しています。

著名なビジネス書作家や自己啓発系のベストセラー作家たちも、ナポレオン・ヒルの著作を読んで人生が変わったと自著のなかで明かしています。

実は、彼の教えを実践してきました。サラリーマン時代は「独立している」と紙に書いて1日2回読み上げていました。五感を通じて潜在意識に到達するまで、何度も繰り返し

読むのです。

そうすると、独立してイキイキと仕事をしている自分の姿が脳裏に浮かんでくるようになります。それでも繰り返していると、「自分は独立して成功するんだ」という確信に変わります。さらに続けていると、それは信念になっていくのです。

この信念が自分を突き動かし、周囲をも動かしていきます。そうやって、夢が現実になっていくのです。すべては、最初の思考が出発点です。

▼協力者が現れたら夢は加速する

私の知人で外資系半導体メーカーに勤めていたＩさんのお話です。Ｉさんは、このスキルに出会い「思考は現実化する」というメッセージに衝撃を受けました。そして、ナポレオン・ヒルのノウハウを忠実に実行したのです。Ｉさんは自分の夢を明確にし、紙に書き、口に出して言うだけでなく、友人にも語っていました。

数年後、まるで植物の種が大木に育つように、Ｉさんは夢に向かって進み始めます。大企業を辞めて渡米したのです。そして、前々から夢に描いていたことを始めます。現地で日本の子どもに勉強を教える学習塾をスタートさせたのです。

夢を語ると、「何かお手伝いさせてください」という人が現れます。だから、夢はどんどん言ったほうがいいのです。言った者勝ちです。協力者が現れはじめたら加速します。実現するのはあっという間でしょう。

この協力者のなかでも、特に密接に協力してくれるグループのことをナポレオン・ヒルは**「マスターマインド」**と呼んでいます。

▼マスターマインドが短期間に成功させてくれる

他人の協力をまったく借りないで成功した人は1人もいません。私の会社が発展しているのも、当たり前ですが、社内外の人々の協力があったからです。私1人の力でここまで来たわけではありません。

鉄鋼王のカーネギーにしても、自動車王のフォードにしても、優秀な人材の協力を得て巨富を手に入れたのです。

私もマスターマインドらしきものを作ろうとしています。マスターマインドというのは「計画作りとその実践に必要な人材を集めたグループ」のことです。このマスターマインドにより短期間のうちに巨富を築くことができます。

▼願望を実現するための６つのステップ

貧困に落ちるには計画は必要ありません。誰の助けもいらないのです。今日から貧乏になろうと決めればすぐになれます。努力も忍耐も必要ありません。あっという間に貧乏になれるでしょう。しかし、富を築こうとしたら、深い思索と具体的かつ明確な計画が必要です。その計画に多くの人が集まり、協力してくれます。破壊は一瞬ですが、建設にはちょっとしたコツが必要なのです。

次の６つのステップを経て、願望は実現していきます。

①実現したいこと、願望を明確にすることです。協力者にもひと言で伝わるようなシンプルでわかりやすいものにする必要があります。

②願望を実現するために差し出すものを決めましょう。この世には、代償を必要としない報酬など存在しないのです。

③願望が実現する期限を決めることです。期限を決めて逆算することで明確な計画を立てることができます。

④願望実現のための計画を立てることです。立てたらそれを実行しましょう。

⑤願望、代償、期限、計画の４つを紙に書いて宣言しましょう。

⑥宣言を１日２回、起床直後と就寝直前に大きな声で読みます。これにより、自分の願望は必ず叶うのだと確信できるようになります。そうなれば、願望は必ず実現します。

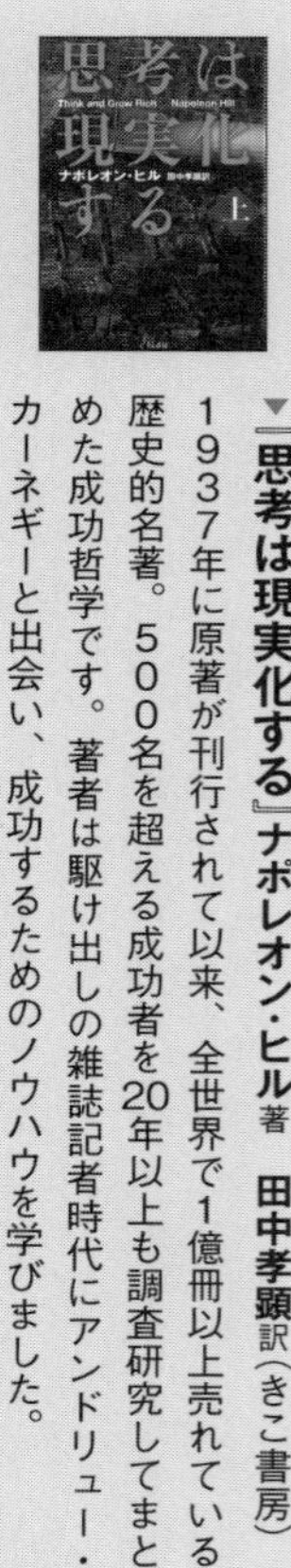

▼『**思考は現実化する**』**ナポレオン・ヒル**著 **田中孝顕**訳（きこ書房）
１９３７年に原著が刊行されて以来、全世界で1億冊以上売れている歴史的名著。５００名を超える成功者を20年以上も調査研究してまとめた成功哲学です。著者は駆け出しの雑誌記者時代にアンドリュー・カーネギーと出会い、成功するためのノウハウを学びました。

35

人生戦略

理想と現実のズレを正しく知り、人生を劇的に変化させる

人生改善プラン策定法

これができる！

- 自分の欠点に向き合える
- 迷いがなくなる
- 現実的な行動計画を立てられる

▼マグローのワークをやって迷いが吹っ切れた

この「人生改善プラン策定法」というのは、アメリカの訴訟コンサルタントのフィリップ・マグローが作り上げた人生戦略の構築法です。訴訟大国アメリカで裁判に勝つためには、何より人間心理に対する深い理解と洞察が求められます。

その訴訟の現場で培ったノウハウを生きるための戦略に体系づけて解説し、方法論に落とし込んでくれたのがマグローです。

私はこのスキルに30代のときに出会いました。私はそれまで毎年、年末に翌年の計画を立てることを恒例行事にしていたのです。その参考にしようと思いマグローの著書を手に

とりました。

マグローの提案するワークにも夢中で取り組みました。自分の欠点や避けていたことに向き合わなければいけないので精神的にはキツイ作業です。量も膨大なので、ワークはけっこう大変でしたが、やってみると、自分のやりたいこと、やるべきことが明確になり、迷うことがなくなりました。

▼現実を認めてから前へ進みはじめる

私の知人のTさんは、会計事務所に勤務していたのですが、会社から不本意な形で解雇されました。不満を抱えながら悶々としていたTさんに、私はマグローのワークをやってみるように勧めたのです。ワークに取り組んだ結果、Tさんは、自分の欠点から目を背けていたり、自分に嘘をついて生きていたりしていたことに気づいたといいます。

自分が「強み」と思っていたモノも打ち砕かれたのです。仕事でも、プライベートでもうまくいっていないことがいっぱいありましたが、それに対して「自分は何もしてこなかった」という事実を突きつけられました。最後は泣けてきて、しばらく何も手がつかなかったといいます。

大事なことは、現実を認めて受け入れたあとのことです。Tさんは徹底的に現実と向き合い、人生の戦略を立てました。そして、会計士試験を通過しMBAも取得、外資系の会計事務所に破格の条件で採用され、今では国際派会計士として大活躍しています。すべては、マグローのワークがきっかけでした。

▼戦略的人生計画を立てるための7つのステップ

マグローのワークを少しだけ紹介しましょう。ここで注意していただきたいのは、ノートとペンを用意して、実際に文章を書いていただきたいのです。頭のなかだけで考えていたのではうまくいきません。考えたことを書きとめることで、自己評価に大切な客観性がプラスされます。とにかく、書きとめることです。

ステップ1　自分の理想を知る

次の文の……の部分にどんな言葉が入るかを考えて書いてみましょう。

「もし私が、10評価満点の人生を送っているとすれば、

A．私の行動には……の特徴がある。

B．私の内なる感情には……の特徴がある。
C．なくなるであろうマイナス要因は……だ。
D．存在するであろうプラス要因は……だ。」

ステップ2　自分の現実を知る

これも、同じように……の部分にどんな言葉が入るかを考えて書いてみましょう。

「私は現在、（ここに10段階評価の数字を自分で入れてください）レベルの人生を送っているので、
A．関連する私の実際の行動は……だ。
B．私の実際の内なる感情は……だ。
C．存在するマイナス要因は……だ。
D．今はないが必要なプラス要因は……だ。」

ステップ3　ブレーキになっている信念を知る

ステップ2で答えたことに含まれている判断や否定的信念をすべて赤で囲みます。否定的信念とは、間違った方向に行ってしまった人生の決断であり、思考に根を下ろしている

マイナスの信念あるいは固定観念のことをいいます。
自分が否定的信念を持っているということを認めなければ、それはいつまでも生き続け、人生にダメージを与え続けることになるでしょう。

ステップ４　「現実」を「理想」に変えるために、乗り越えなければいけない障害をあげる

思いつく限り書き出してみてください。

ステップ５　「現実」を「理想」に変えるために、利用できる資源をあげる

どのような資源があるか、思いつく限り書き出してみてください。

ステップ６　理想と現実のギャップを10段階で評価する

その理由も書き出してみてください。

ステップ７　優先順位を把握する

変化を起こす必要性の程度を「緊急」「高」「中」「低」から１つ選びます。

このワークによって、自分の内面を掘り下げ、本音を見つめたうえで人生計画を構築していくことができます。ステップ1から3までは「自分を知ること」、そしてステップ4から7は「行動計画を立てること」です。この2つは、別々に取り組んでもいいかもしれません。

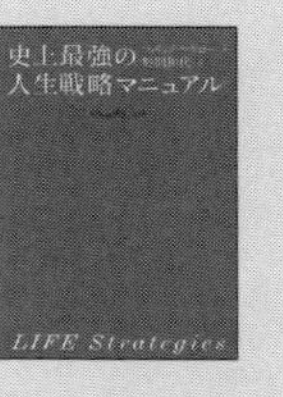

▼『**史上最強の人生戦略マニュアル**』**フィリップ・マグロー**著　**勝間和代**訳（きこ書房）
原題は〝Life Strategies〟。全米で370万部を突破した大ベストセラーです。本書に紹介されている10の人生法則を理解し実践すれば自分の人生のコントロール権を取り戻すことができます。著者は戦略的人生設計の研究を長年続けてきた訴訟コンサルタント。

36

自助論

成長の原理原則

情熱を持ち、よく考え、よく動くことで、理想の人生を手に入れる

これができる！

- 成長度合いがわかる
- 他人のせいにしなくなる
- やるべきことが明確になる

▼スマイルズは若いうちにこそ読んでおくべき

かつて私は、ちょっとしたモラトリアム人間になっていて、自己啓発書を読みあさっていた時期がありました。あまりにも読み過ぎたせいか、目指すところがよくわからなくなっていたのです。

そんなときに出会ったのがサミュエル・スマイルズの『自助論』です。頑固おやじの経営者が新入社員たちに聞かせるような話なのですが、仕事術ばかり気にしていた当時の私には新鮮でした。若いころにはわかりませんでしたが、今読み返すとすべて腑に落ちます。若いうちにこの本を読んでいてよかったなと思います。

いうなれば、スマイルズを読めば、自分の成長度合いがわかるともいえます。

▼人間のなすべきことの原理原則を知る

友人のFさんは金融会社に勤務していました。会社に対して大きな不満を抱えていて、同僚たちと飲んでは不平不満を漏らして憂さを晴らしていました。

しかし、スマイルズの自助の精神を学び目からウロコが落ちたといいます。人間のなすべきことの原理原則を知り、勤勉、正直、感謝以外にないという結論にFさんは達したのです。

そして、Fさんは、大きな夢を持ちながら勤勉に働くことが重要なのだと気づきました。今では、立派に成長し、会社の取締役になって活躍しています。スマイルズはFさんの座右の書になっているそうです。

▼自助の精神で生きる人生は素晴らしい

「天は自ら助くる者を助く」ということわざがあります。他人に頼らず、自立して努力する者には天の助けがあり、必ず幸福になるという意味です。「外部からの援助は人間を弱くする。自分で自分を助けようとする精神こそ、その人間をいつまでも励まし元気づける」とスマイルズは言っています。自助の精神は、人間が真の成長をとげるための礎なのです。

こんなエピソードがあります。あるとき、ピアノ奏者のモシェレスが、ベートーベンにオペラ「フィデリオ」のピアノ用の楽譜を手渡しました。その楽譜の最後のページの片すみに「神の助けによって、つつがなく演奏が終わるように」と記してあったのです。

それを見たベートーベンは、すぐにペンを取ると、その下にこう書き足しました。

「神に頼るとはなんたることだ。自らの力で自らを助けたまえ」

ベートーベンはまさに自助の精神に生きた人だったのです。

▼勤勉のなかにこそ、ひらめきがある

ビジネスで成功する人たちはちょっとしたアイデアやひらめきを持っています。この、ひらめきこそが成功をもたらす源といってもいいでしょう。しかし、このひらめきは、怠惰な生活のなかからは生まれません。では、どこから生まれてくるのでしょうか？

コロンブスはインドを目指して長い航海に出ましたが、目指す陸地はなかなか見つかりませんでした。水夫たちは不満をつのらせ、船内は険悪なムードになっていきます。ある日、コロンブスは船尾のあたりに、海藻が漂っていることに気づきました。これは近くに陸地がある証拠です。コロンブスはこの海藻を示して、水夫たちに陸地が近いことを説明し暴動を寸前のところで食い止めました。コロンブスがこの取るに足らないちっぽけな海藻を偶然にも見つけることができたのは、彼が常に悩み、苦心し、考えていたからです。

ガリレオは、オランダのメガネ職人が遠くのものでも近くに見えるよう工夫した道具を作り伯爵に寄贈したという話を小耳にはさみます。ガリレオは、さっそく、そのメガネ職人に会いに行き、その道具の仕組みを考え、ついには望遠鏡を発明したのです。それによって、近代天文学は大きな発展を遂げます。ガリレオがメガネ職人の話を聞いたときに、望遠鏡を発明するアイデアがひらめいたのは、毎日、毎日、絶えず考えていたからです。

ニュートンはリンゴが落ちるのを見てインスピレーションがわき、万有引力の法則を発見したのは、彼が多年その問題を研究していたからです。偶然が大発見につながったと思われていますが、実際は長い時間、そのことを考えていたからなのです。

スマイルズは「勤勉のなかにこそ、ひらめきがある」と言っています。まじめに、諦めずに、長年、考え続けた人のもとに、ひらめきが降りてくるのです。

▼逃げるのか、挑むのか、同じ行動でも大きな違い

世の中には、２つのタイプの人がいます。

まず、何が何でも「人のせいだ」という人です。自分が評価されないのも、不幸なのも、浮かばれないのも、すべて自分以外の何者かに原因があると考える人たちです。こういう人たちは、言い訳が非常に上手で、自分自身がその言い訳に納得してしまいます。結局、「改善」や「努力」のチャンスを逸してしまいます。

一方、「人のことは変えられない」と割り切り、自分にできることをひたむきに続ける人たちがいます。出世する人、成功する人は、間違いなくこの人たちです。いわば「自力本願」といえるかもしれません。

私は以前、典型的な前者でした。しかし、スマイルズの自助の精神を学び、このスキルを取り入れ、何でも自分の責任なんだと考えるようにしました。結果、やるべきことが明確になり、周囲のことが気にならなくなったのです。

人生を変えたいと思うとき、多くの人が配置転換や転職、起業などによって環境を変えようとします。それが困難から逃げるためなのか、それとも新しい挑戦のためなのか、踏み出す前に自分に問いかけてみることをお勧めします。

その行動が逃げるためであれば、次の環境に行っても、うまくいくわけがありません。見極めるポイントは環境のせいにしているのか、自分の責任としてとらえているかの違いです。逃げようという気持ちが少しでもあったら、「いまいる場所でできることはないか」を考え直すべきです。

スマイルズは、仕事、お金、時間、人間関係など、人生のあらゆるものに関する洞察が深く、いろいろな局面での教訓を与えてくれます。

▼『**自助論**』**サミュエル・スマイルズ**著　**竹内均**訳（三笠書房）
生き方の根本を鋭く説く、不朽の名著。原著は1859年に出版され、日本では1871年に翻訳されて『西国立志編』という邦題で大ベストセラーとなりました。福沢諭吉の『学問のすすめ』と並んで明治の青年たちに広く読まれ、今なおロングセラーとなっています。

第10章

潜在意識を変えて富を手にする成功哲学

成功哲学

37

成功哲学

自分の「思い」を変えて成功を引き寄せる

「原因」と「結果」の法則

これができる！

▶ 常に改善を考えられる
▶ 成功のメカニズムがわかる
▶ 不平不満を言わなくなる

▼ジェームズ・アレンは多くの自己啓発書の源流

ビジネス書の書評をするようになり、原点となる本を探していたところジェームズ・アレンの『「原因」と「結果」の法則』に出会いました。薄い本です。出張帰りの新幹線でビールを片手に気楽に読みはじめましたが、すぐに夢中になり、あっという間に読破しました。

私はたくさんの自己啓発書を読んできましたが、ジェームズ・アレンを読んだとき、多くの自己啓発書の源流を見たような気がしました。

ジェームズ・アレンのスキルを知ってからは、「思いの大切さ」を気にするようになりました。それからというもの、私は、いつも自分の心と頭の中身を意識するようになったのです。そして、邪念などに惑わされることが少なくなりました。

何年かして、ジェームズ・アレンの著書を読み返してみると、最初に読んだときとは、違う気づきを得ました。たとえば「個人が共同体に果たす役割はきわめて大きい」というのは、当時の私にはピンとこなかったのですが、今では本当にそうだと思います。

▼良い思いは良い実をむすび、悪い思いは悪い実をむすぶ

すべての現象には原因があります。あなたが毎日「満員電車に乗って好きでもない仕事をしなければいけない」と考えていたとしたら、その状況を作った原因があるのです。「新規の顧客を獲得することに失敗した」という結果にも、「恋人にフラれた」という結果にも、すべて原因があります。

表面的な原因はさまざまでしょう。満員電車に乗らなければいけないのは、郊外にマイホームを購入したからでしょうし、新規顧客獲得に失敗したのは自社製品が他社のものよりも劣っていたからかもしれません。

しかし、根源的な原因は他にあります。それは、あなたの内側にある「思い」です。

心のなかに蒔かれた「思い」という種は、それと同種の芽を出します。そして、いずれ「行い」という花が咲き、環境という実をむすぶことになるのです。良い思いは良い実をむすび、悪い思いは悪い実をむすびます。

「外側の世界である環境は、心という内側の世界に合わせて形づくられます」とジェームズ・アレンは言っています。

▼私たちの人格はめぐらしている思いの総和

私たちの人格は、私たちがめぐらしている思いの総和です。私たちは自分が考えている通りの人生を生きているのですから、人格もまた内側で考えている通りのものになるでしょう。心のなかの「思い」が私たちを作っているのです。

ジェームズ・アレンは「正しい思いを選んでめぐらしつづけることで、私たちは気高い、崇高な人間へと上昇することができます。と同時に、誤った思いを選んでめぐらしつづけることで、獣のような人間へと落下することもできるのです。そして、その両極端のあいだにはさまざまなレベルの人格があり、人間はまた、それらの創り手でもあり、主人でもあります」と私たちに教えてくれています。

大きな成功を願うならば大きな自己犠牲を

私たちは、貪欲な人間、正直でない人間、不道徳な人間を、決して応援しようとは思いません。慎み深い人間、正直な人間、清らかな人間を援助しようとします。ですから、私たちは自分の心を高め、より気高い人間となる努力を続ける必要があるのです。

成功を手にできない人たちは、自分の欲望をまったく犠牲にしていない人たちです。目標を達成したいのであれば、成功を願うのであれば、私たちは貪欲さを手放さなければいけません。不正直で不道徳な行いを改めなければ、何も手にすることはできないでしょう。成功を手にするには、相当の自己犠牲を払わなければいけないのです。

「大きな成功を願うならば大きな自己犠牲を、この上なく大きな成功を願うならば、この上なく大きな自己犠牲を払わなくてはならないのです」とジェームズ・アレンは繰り返し強調します。

人格者（原因）だから、成功（結果）できた

本当の意味での自己犠牲とは、自分自身を改善することです。心のなかの悪い考え方や

思いを手放し、良いもので満たす作業を意欲的に取り組む人たちは、目標の達成に決して失敗することがありません。失敗も成功もすべては自己を改善するための糧になるのです。

「人々の多くは、環境を改善することには、とても意欲的ですが、自分自身を改善することには、ひどく消極的です。かれらがいつになっても環境を改善できないでいる理由が、ここにあります」というジェームズ・アレンの言葉は、私たちの胸を突き刺します。

会社組織にあっても、私たちは、会社の悪口や不平不満ばかり熱心に言いますが、自分を変えようとか、成長しようとはなかなか思いません。会社とか、組織とか、家族とか、現在の環境を作っているのは私たち自身なのです。

自動車メーカー勤務のEさんは、『「原因」と「結果」の法則』と出会ってから、大きな組織における自分の役割というものを意識するようになったと言います。会社への不満を口にする前に自分自身に与えられた役割をちゃんと果たしていたかどうかを反省したのです。

以後、Eさんは、自分の思いや考え方を注意深く見張るようになりました。そして、少しずつ思いや考えを高みへと引き上げる努力を続けていったのです。

現在は、その会社を辞め、父親が経営していた自動車部品の会社を引き継ぎ、社員からは父親以上の人格者だと慕われています。Eさんは立派な2代目経営者になりました。

成功者のなかには、びっくりするくらい、温厚な人、明るい人、前向きな人が多いものです。以前は成功したから人格者になったのだと思っていました。しかし、ジェームズ・アレンに出会ってからは、人格者（原因）だから、成功（結果）できたのだということが、よく理解できました。

▼**『「原因」と「結果」の法則』ジェームズ・アレン**著　**坂本貢一**訳（サンマーク出版）

ナポレオン・ヒル、デール・カーネギー、アール・ナイチンゲール、オグ・マンディーノなど現代成功哲学の祖たちが、最も影響を受けた伝説のバイブルと称賛した本です。著者が執筆活動に専念したのは1912年に他界するまでの9年間。19冊の著作を残しています。

潜在意識の変革

38

成功者のマインドを手に入れ、望むものをすべて獲得する

サクセスマインド発想法

これができる！

- 夢を強くイメージできる
- 願望を実現できる
- 潜在意識を活用できる

▼紙に書いたことがほとんど現実になっていた

私は会社員時代にジョセフ・マーフィーの本と出会いました。成功法則や自己啓発などの原点のひとつだと認識しています。マーフィーの言う潜在意識の力には、根拠もないし、科学的証明もありません。オカルトめいていますが、私の心を妙に惹きつけたことはたしかです。

半信半疑ではありましたが、私はマーフィーの教えを実践してみました。マーフィーがいうには「思いを強くするために、成功した自分になりきって手紙を書くとよい」とあったので、「10年後の自分の姿」を紙に書いてみたのです。

しばらくすると、書いた内容などすっかり忘れてしまいました。

しかし、10年たって、そのときの紙を見つけ出したときにびっくりしました。書いていたことが、ほとんどその通りになっていたからです。

▼脳はその実現のために何をすべきかを常に考えている

私の知人に私と似たような経験をした人がいます。金融会社勤務のGさんは、将来の独立を見据えて事業計画を立てました。当時、Gさんはコーチングを受けていたので、そのコーチの勧めもあって、自分の計画がすべて実現したときの自分をより具体的に描いてみたのです。

Gさんの思い描いた未来はこんな内容でした。まず、カリスマコンサルタントになって全国を駆け巡っています。そして、ベストセラー本も発刊します。年収は3000万円を超え、外車に乗り、都内の高級マンションに住むといったものです。

イメージするだけでGさんは気分がよくなったといいます。そして、すべてを紙に書き出しておきました。ずっと、その紙のことは忘れていたのですが、あるとき、引き出しから出てきたというのです。

するとどうでしょうか。それらが、すべて現実になっていたのです。

潜在意識のことはよくわかりませんが、本気の願望は、意識していなくても、いつも心の片すみにあるのかもしれません。そして、脳が「その実現のために何をすべきか」を常に考えているのでしょう。

ですから、チャンスやきっかけがやってきたときに、見落とすことがなくなり、結果的に実現の可能性が高くなるのです。少なくとも成功者たちの大半は、紙に書いたことはすべて実現していると言ってます。

▼潜在意識の力はどんな考えも増進させる

マーフィーは「成功か失敗か、健康か病気か、幸福か不幸か、富か貧困かを決定するのは、人々が心のなかに抱く信念なのです。富は心的態度であり、貧困もまた心的態度です」と言っています。

マーフィーは牧師ですが、聖書の「処女懐胎」や「復活」などの奇蹟を否定しています。聖書に出てくる奇蹟のエピソードも寓話的な比喩だというのです。聖書に出てくる「主」とはあなたの「潜在意識の力」だとも言っています。

自分の願いを絶えず考えることで、自分の潜在意識の黒板にそれを書き込むことができ、そのおかげで願いが叶うというのです。

潜在意識の力は、そこに植えられたどんな考えも増進させます。健康、富、愛、豊かな生活などの良いものを考えていれば、それを経験することができるのです。

反対に、「自分は貧しい生活しかできない」「人生の良いものは自分のものではない」と感じているならば、その人は、欠乏とフラストレーションのなかで生き続けることになります。

そうやって、お金持ちはますますお金持ちになり、貧乏人はますます貧乏人になっていくのです。

愚直にやってみるしかない！

マーフィーの著書のなかでこんなエピソードが紹介されています。仕事がうまくいっていなかった女性の話です。彼女は自分のために「宝の地図」を書きます。

「世界旅行に感謝します」

「私と完全に調和する、素晴らしい男性に感謝します」

「美しい調和のとれた家に感謝します」
とノートに書いたのです。そして、彼女は朝と、昼と、晩に、瞑想しながらそれらをイメージし潜在意識に書き込んでいきます。
すると1か月後、ニューヨークの大叔母さんが遺言で彼女に15万ドルの有価証券を送ってくれたのです。その2日後に、彼女の勤めていた会社は倒産しますが、彼女の両親が一緒に世界旅行をしないかと招待してくれます。その旅行中の東京で、サンフランシスコから来ていた若い科学者に出会います。彼女はその男性と結婚し、今では彼が所有する丘の上の太平洋を見下ろす家に住んでいます。つまり、宝の地図に書いたことが、すべて叶ったのです。

願望を紙に書くこと、そして、そのことを声に出して、生き生きと視覚化することをマーフィーは勧めています。

実は私も手に入れたい現実を夢見ながら計画を立てるようにしています。人生を90年と見て、10年ごとにざっくりとやりたいことを書いていくのです。この作業をするだけでも、自分の願いが何なのかを明確にできるので、大変役立っています。

多くの人は、「マーフィーなんてまやかしだろ」とか「潜在意識なんて、科学的根拠は何もないじゃないか」とバカにして終わります。でも、騙されたと思って愚直にやってみてください。きっとその効果にびっくりするはずです。

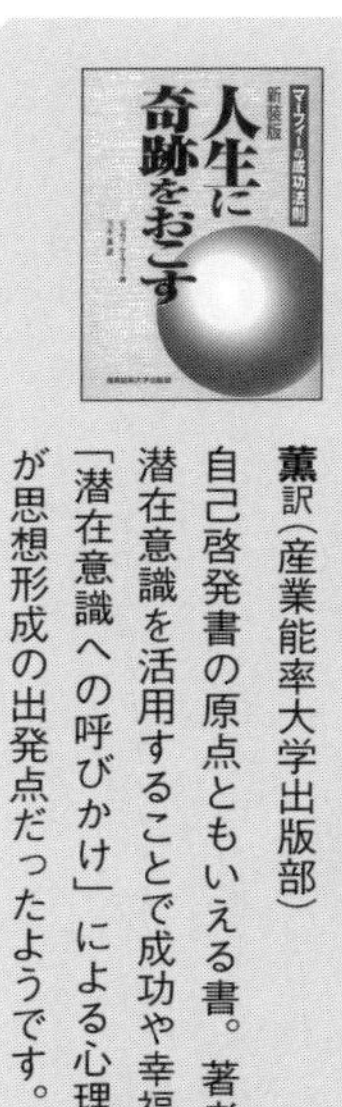

▼『**新装版　人生に奇跡をおこす**』**ジョセフ・マーフィー**著　**玉木薫**訳（産業能率大学出版部）

自己啓発書の原点ともいえる書。著者はアメリカで活躍した牧師で、潜在意識を活用することで成功や幸福が手に入ると提唱。青年時代に「潜在意識への呼びかけ」による心理療法で悪性腫瘍を完治した経験が思想形成の出発点だったようです。

39

お金運用術

不労所得獲得法

お金に仕事をさせて、もっと楽にもっと豊かになる

これができる！

- 経済的に自立できる
- 時間の切り売りをしなくなる
- 給料以外で所得を増やせる

▼私に多大なる影響を与えてくれた1人

何年も前から私はメールマガジンでビジネス書の書評を発表しています。あるとき、私のメールマガジンの読者から「こんなスゴい本があります。ぜひ、メールマガジンで取り上げてください」と言われました。通常、そういう提案は受けないことにしているのですが、その本を一読してみて「これはスゴい！」と思いました。

その本が、ロバート・キヨサキさんの『金持ち父さん貧乏父さん』です。

ロバート・キヨサキさんの「お金を働かせる」という考え方を知ったとき、私は衝撃を受けました。画期的だと思いました。**「不労所得」**という概念を知ったのもこのときです。

その後、私はロバート・キヨサキさんの大ファンになりました。来日されたときには、ツテをたどってチャンスを作り一緒に食事をしたこともあります。海兵隊出身のガッチリした体躯に気さくな笑顔でとても親しみやすく、子どもに教え諭すような話し方をする人でした。彼の３０００名を集めた大きなセミナーの壇上でスピーチをさせてもらったこともあります。

このように、私はロバート・キヨサキさんにかなり影響を受けました。最近「週末起業」の不動産バージョンで「週末起業大家さん」というビジネスを立ち上げたのも、ロバート・キヨサキさんの影響です。

▼サラリーマン大家さんがあふれている

私の著書『週末起業』はサラリーマンの経済的自立を促すことを目的に書きました。具体的な方法は、会社に勤めて給与をもらいながら、週末などを生かして自分のビジネスを立ち上げることです。

ロバート・キヨサキさんのメッセージも、やはり経済的な自立を促すものです。ただし、手法は違います。ロバートさんのケースでは、主に賃貸用の不動産を購入し、家賃収入を得ることで経済的な自立を果たすことを目指します。「サラリーマンは融資を受けやすい」ということで、サラリーマンとは特に相性のいいノウハウだといえます。

ロバート・キヨサキさんのノウハウを聞いて目からウロコが落ちたという人はたくさんいます。本書がきっかけで投資のスキルが身につき、経済的成功者になった人は、日本でも数え切れません。

ある団体職員のJさん（40歳）は、ロバート・キヨサキさんの教えに従って、コツコツと不動産に投資をしました。今では、本業から得る給与の数倍の家賃収入を得ています。Jさんのスゴいところは、そんな資産家になった今でも普通に働いているところです。「収入は物件から、やりがいは職場から」が彼の口癖です。これこそ、まさに自立したサラリーマンです。世の中にはこのようなサラリーマン大家さんが、実は増えてきているのです。

▼自分が働かなくてもお金が入ってくる仕組み

誰もがお金持ちになりたいと思っています。あくせく働きたくないし、できることなら悠々自適な余生を送りたいものです。しかし、不思議とお金持ちになる方法を学ぶ人はいません。ただ、ガムシャラに働くか、実入りのいい仕事を探して転職を繰り返すかです。

一般に芸能人やスポーツ選手、医者や弁護士、エリートサラリーマンと呼ばれる人たちは、たしかに高給取りです。しかし、自分の時間を切り売りしているにすぎません。労働の時間単価が高いだけで、自分が働かなければ1円にもならないのです。もしも、病気やケガをしたら終わりです。

本当のお金持ちは、自分が働かなくてもお金が入ってくる仕組みを持っている人たちです。すなわち「不労所得」です。ロバート・キヨサキさんが勧めるのは、「不労所得」を得ることでお金持ちになる方法なのです。

▼お金持ちたちの秘密を教えてくれた

ここで「不労所得」について少し解説します。「不労所得」とは、文字通り「働かずに得る所得」のことです。

一般に「所得を得る」というと「会社などに勤めて働き、その対価として賃金や報酬などを得ること」と考えます。

しかし、実は所得を得る方法はそれだけではありません。なかには、労働が不要なものもあります。たとえば、不動産投資による家賃収入や株式投資による配当金、ＦＸや外貨預金で得たキャピタルゲイン、自分のウェブサイトなどに掲載された広告料、本の出版による印税、著作権、特許権料などがこれにあたります。いずれも、働かずに得られる所得であることから「不労所得」と呼ばれているのです。たとえば、ロバート・キヨサキさんの勧める不動産投資の例を説明します。これは、賃貸用のマンションやアパートなどの物件を購入して貸し出すことで、家賃収入を得る方法です。毎月得られる家賃収入から、管理や修繕の費用と購入時に必要な借入金の返済を差し引けば、残りは自分の所得です。あとは納税を済ませれば、残りは自分の収入です。給与と同様、自由に使えます。

この所得を得るためにやることは部屋を貸すことだけです。自分が動く必要はありません。まさに「不労所得」です。もちろん、住人の募集や家賃の集金、清掃などは必要です。しかし、これらは業者に委託すればやってもらえます。この収入がどんどん大きくなり、自分が会社から得ている給与を超えれば、会社を辞めることさえ可能です。

もちろん、賃貸物件を購入することが大前提です。問題は、その購入資金です。しかし、購入する物件を担保にすれば、普通のサラリーマンでも銀行から融資を受けることは可能です。

ここで取り上げたのは、不動産賃貸業ですが、所得には他にもいろいろとあります。税務申告書を見ればわかりますが国税庁の分類では所得には10の区分があります。

サラリーマンの給与所得はその1区分にすぎないのです。給与所得しか収入源がない生き方は経済的には不安定で危険な状態といえます。

一方、お金持ちたちは「自分がお金のために働くのではなく、お金を自分のために働かせる」という考え方をしています。それがお金持ちがお金持ちになれた秘密です。そんなお金持ちたちの秘密を普通のサラリーマンにもわかるように教えてくれるのがロバート・キヨサキさんの著作の数々なのです。

▼**『改訂版　金持ち父さん貧乏父さん』ロバート・キヨサキ**著　**白根美保子**訳（筑摩書房）
1997年に発刊されて以来、全世界で2800万部売れたという超ベストセラー。日本には2000年に上陸し300万部売れたといいます。本書の影響で日本にもたくさんの不動産投資家や億万長者が誕生。「サラリーマン大家」という言葉を作り出したのもこの本です。

40

お金持ちの哲学

バビロン式資産形成法
お金の「使い方」を変えて資産を形成する

これができる！

- お金の使い方が変わる
- 自分に投資する
- お金を運用するノウハウを得る

▼収入の1割を貯金することを決意

『バビロンの大富豪』が教えてくれるスキルはシンプルです。シンプルであるがゆえに時代を超越して私たちの胸に響きます。数千年前のバビロン市街の裕福な人々が実践していたスキルは、現代人にも通用するのです。

富を増やすには単純な法則を理解し、それを実践するだけでいくらでも手に入ります。

①稼げる範囲で生活すること
②収入の一部を自分のために貯めておくこと

③有能な人物に助言を仰ぐこと
④お金を自分のために働かせること

特に2番目の「収入の一部を貯めておけ」という言葉は私にとって印象的でした。『バビロンの大富豪』に出会ったサラリーマン時代は、稼ぎのすべてを浪費していたので、そのことを反省し、収入の1割を貯金することを決意しました。

貯まったお金で不動産を購入。安定継続収入を確保できたために独立起業に踏み切ることができました。このシンプルなスキルの威力を知って以来、今でも稼ぎの一部は必ず蓄えるようにしています。さらに、1割を将来のための投資に、1割を勉強などの自己投資に使うことにしています。

▼どん底から大成功者になったスキル

私の知人のSさんは、独立してコンビニエンスストアを開業しますが大失敗に終わりました。財産をすべて失い、どん底を経験します。何とか再就職を果たしますが、生活は苦しかったそうです。

しかし、『バビロンの大富豪』の教えに従って収入の1割を貯金に回しました。また、貯めたお金の一部は株や不動産など、再投資に使ったのです。そのときプロに助言を求めましたが、その選定は慎重に行いました。そして、これはという人に対する報酬には糸目をつけないことを心がけたといいます。

今ではSさんは不動産投資の大成功者として助言する立場になっています。

『バビロンの大富豪』のスキルはシンプルなので、自分で理解し、方法論は自分で見つけなければいけません。だからこそ、時代を超えて応用できるのかもしれません。

▼手に入れたお金を何に使えばいいのか?

お金を蓄えることは大切です。しかし、ただ貯金しておけばいいというものではありません。貯めておいたお金を何に使うかが重要となります。

私の場合は、独立するときの資金にしましたし、不動産を購入するときの一部に使いました。

『バビロンの大富豪』には国王陛下から金貨50枚という大金をプレゼントされた槍職人が出てきます。欲しいものは何でも買える、大きな屋敷だって土地だって、牛や羊だって買えます。

槍職人が大金を手にしたことを聞きつけた街の人々がお金を貸してくれと言ってきます。たいがいの申し入れは断るのですが、妹が言ってきたことには断り切れずに悩みます。妹の婿さんが商売をする元手にお金が必要なのだ、貸してくれたら倍にして返すという依頼を妹が持ってきました。悩んだ槍職人は友人の金貸しに相談するのです。

金貸しは槍職人にこうアドバイスします。

「金はさらに金を生み出すようにし、大きく増やさなければならない。うまく運用すれば、金はおぬしのような人間が老人になるよりも早く、倍にもなり得る。ただし、危険を冒すということは、その金が稼ぐはずのものばかりでなく、元金もすべて失う危険を冒すことでもあるのだ」

とにかく、人にお金を貸すときには慎重に相手を選べと金貸しは言うのです。

▼懸命に働けば自由を手にすることができる

『バビロンの大富豪』のなかにこんなエピソードがあります。バビロン一の大商人と、働く意欲のない青年とが、一緒に砂漠を旅していました。

青年は言います。

「あなたはなぜそんなに懸命に働くのですか。もっと人生を楽しもうとされたことはないのですか?」

「そなたには働こうという気持ちはないのですかな」

大商人は質問で返します。

「働くなんて奴隷のすることですよ」

青年は悪びれることなく言いました。

そこで、大商人は自分が昔は奴隷だったという話を始めます。悲惨な労働に苦しんでいたとき、彼は考えました。仕事で背中が折れてしまわないように怠けるのが一番良いのだろうか? それとも、奴隷の仲買人や主人たちと戦ってみようか? どれもうまくいきそうにありません。

そして、彼は奴隷として懸命に働くことを選ぶのです。「働くことは生涯最高の友だ」という考え方を持つようになります。

彼は懸命に働くことで多くの友人を得ます。みんながその勤勉さを尊敬し、ついには自由を手にするのです。

その話を聞き終えた青年が言います。

「ぼくも質素な生活から始めたいと思います。宝石や上等のガウンよりも、そのほうがいまのぼくの本当の立場にふさわしいでしょうから」

『バビロンの大富豪』の教えは、どれも当たり前のことばかりです。しかし、当たり前のなかにこそ、真実はあるのです。

▼『バビロンの大富豪』ジョージ・S・クレイソン著　大島豊訳（グスコー出版）

原書は1926年にパンフレットの形で発行されました。日本語版はペーパーバックとして1991年に発刊され200万部以上の大ベストセラーに。本書は、古代都市バビロンを背景にした人生哲学を寓話的にまとめたものです。

おわりに

最後までお読みいただきありがとうございました。

ビジネスパーソン必修のスキルを世界中のビジネス書から抽出し、一冊の本にまとめてみましたが、いかがでしたでしょうか？

本書は、著者の立場からすると予想通り、大変手間と時間のかかるものでした。私は、これまでに50冊近い本を書いてきましたが、普通の書籍の何倍も時間がかかりました。

まず、ご覧いただければわかる通り、とても分厚い本です。一般的な単行本の1・5倍あります。それだけで、単純に作業量は1・5倍になります。

また、本書では40のスキルを紹介していますが、そのすべてのスキルに、一冊ずつ、出典となった本があります。その40冊を、今回の出版にあたり、改めてすべて読み返しました。その読書にも、けっこうな時間がかかりました。

結局、出版社からお話をいただいてから、実際に本として皆さんにお披露目するまでに、2年以上の歳月を要してしまいました。その分、密度の濃い本に仕上がったと自負しています。

個人的には大変でしたが、大いに勉強させていただきました。まず、本書の参考文献を改めて読み直したことで、書籍から再度学ぶことができました。より深く理解できたこともありましたし、最初に読んだときには気づかなかったことに気づかされたり、当時は納得できなかったことに深く納得できたりしたこともありました。読書は読み手の経験や力量を問うといいますが、そのことを改めて実感した経験でした。

また、あまりにも自分の血肉になっていて、すっかり自分が考え出したことだと思い込んでいたことが、実は、かつて読んだ書籍からの受け売りだったことを知って、驚いたり、恥ずかしい思いをしたりもしました。

こうして一度読んだ本を、数年ののちに再読した経験から感じたことは「影響を受けた本は、後日読み直してみるべきだ」ということです。この点は読者の皆さんにも、強くお勧めしたいと思います。きっと、新しい気づきや学びが得られると思います。

何より、最初に読んだ当時のことが思い出されて、懐かしいと思います。私もそうでした。どの本も、いわば今の自分を形作った本ばかりでしたので、改めて読んだことで、読んだ当時の思い出がよみがえりました。それはそれで楽しい体験でした。思えば、あのころは、とにかく上を目指して、もがいていました。だからこそ、救いを求めて本にすがったわけですが、当時読んだ本を再読したことで、そのときの気持ちが生き生きと思い出されました。そんな苦しかった経験も、今では懐かしく思えます。

これもまったくの私事ですが、私は今年ちょうど50歳になります。節目の年に本書を手掛けたことは、自分を振り返るきっかけになり、ありがたいことです。本書の執筆で得た学びを、次回作の執筆や講演の内容に反映していくことで、皆さんのお役に立てたいと思っています。

なお、本書は編集者の強い意向もあって、いわゆるブックガイドでなく、スキルガイドを目指しました。つまり、出典にした書籍を読まなくても、本書だけでスキルの概要が理解でき、仕事に活用できることにこだわりました。その目的は、ある程度果たせたと思います。

ただ、やはり誌面の制約がありますので、抜き出せるスキルは、ごく一部に限られてしまいました。大半は、泣く泣く切り捨てざるを得ませんでした。もし、本書を読んで「もっと知りたい」と思うものがあったら、ぜひ各スキルの末尾に紹介した書籍を読んでみてください。大半の本が、現在も容易に入手できるはずです。読めば、さらに大きな学びが得られることでしょう。

なお、冒頭で述べた通り、本書で参考にした書籍は出版から数年以上経たものばかりです。なかには「古典」と呼ばれるほど古い本もあります。ただ、もちろん最近も良い本はたくさん刊行されています。最新のスキルにも興味があるという方は、ぜひ私の無料メールマガジン『ビジネス選書&サマリー』(http://www.bbook.jp)にご登録ください。こちらでは、私が最新のビジネス書のなかから、良書を週一冊厳選し、あらすじと書評を紹介しています。新しい書籍ばかりですので、本書とあわせてお読みいただけると効果的だと思います。

最後に、本書の執筆にあたって、ダイヤモンド社の市川有人さん、武井康一郎さん、高橋フミアキ事務所の高橋フミアキさん、相川賢太郎さんには、大変お世話になりました。この場をお借りしてお礼を申し上げます。

今はますます組織でなく、そこで働く個人の力量が問われる時代になっています。ぜひ本書を参考にして、役立つビジネススキルを身につけ、使いこなしながら、成果をあげていただきたいと思います。

2016年6月

藤井孝一

［著者］
藤井孝一（ふじい・こういち）
経営コンサルタント／アンテレクト代表取締役
社会人教育の会社を経営しながら、自らも教壇に立ち、起業やコミュニケーションなど、ビジネススキルに関する指導を行う。この活動を通し、これまで３万人以上のビジネスパーソンに出会い、ビジネススキルの普及を行っている。また、サラリーマン時代から、１万冊以上のビジネス書を読破、そのなかで見つけた優良スキルをビジネスパーソンに紹介するため、書籍のエッセンスを要約、メールマガジン『ビジネス選書＆サマリー』として配信。15年前に始めたこのマガジンは、５万人以上に愛読されている。ビジネス書の著者や書籍の編集者とも親交が広く、1000名以上と交流、ビジネス書の普及と業界の活性化のために、業界人向けの交流会を定期的に主催している。これらの活動が評価され、最近は「ビジネス書の専門家」として紹介されることも多く、雑誌などのメディアで推薦書籍の選定や書評、読書法の指南などを行う。著書に、中国、台湾、韓国でも刊行された代表作『週末起業』（筑摩書房）や『読書はアウトプットが99％』（三笠書房）など50冊以上あり、読書法やビジネス書に関連する書籍も多い。

ビジネススキル大全
――２時間で学ぶ「成果を生み出す」全技術

2016年７月14日　第１刷発行
2016年９月27日　第５刷発行

著　者――藤井孝一
発行所――ダイヤモンド社
〒150-8409　東京都渋谷区神宮前 6-12-17
http://www.diamond.co.jp/
電話／03･5778･7232（編集）03･5778･7240（販売）

装丁――井上新八
本文デザイン―二ノ宮 匡（ニクスインク）
編集協力――高橋フミアキ
製作進行――ダイヤモンド・グラフィック社
印刷――勇進印刷（本文）共栄メディア（カバー）
製本――本間製本
編集担当――武井康一郎

ISBN 978-4-478-06578-5